THÈSE

POUR

LE DOCTORAT

SOUTENUE

par

A. PARIGOT,

AVOCAT.

PARIS,

CHARLES DE MOURGUES FRÈRES, SUCCESSEURS DE VINCHON,

Imprimeurs-Éditeurs de la Faculté de Droit de Paris,

RUE JEAN-JACQUES-ROUSSEAU, 8.

1861.

FACULTÉ DE DROIT DE PARIS.

THÈSE

POUR LE DOCTORAT.

L'acte public sera soutenu le vendredi 2 août 1861,
à deux heures,

Par **A. PARIGOT**, né à Troyes (Aube),
AVOCAT A LA COUR IMPÉRIALE DE PARIS.

Président, **M. DUVERGER**, Professeur.

Suffragants :

- **MM. PELLAT,**
- **VUATRIN,**
- **COLMET-DAAGE,** — Professeurs.
- **RATAUD,** — Suppléant.

*Le Candidat répondra aux questions qui lui seront faites sur les autres
matières de l'enseignement.*

PARIS,

CHARLES DE MOURGUES FRÈRES, SUCCESSEURS DE VINCHON,
IMPRIMEURS-ÉDITEURS DE LA FACULTÉ DE DROIT DE PARIS,
Rue J.-J. Rousseau, 8.

1861.

DROIT ROMAIN.

DES DIVERS BÉNÉFICES ACCORDÉS AUX CAUTIONS.

Une *cautio*, dans le sens étymologique et romain, est une garantie, une sûreté quelconque. Dans cette thèse, l'expression caution n'aura pas une signification aussi étendue, elle ne comprendra même pas tous les *intercessores;* elle indiquera seulement ceux qui s'obligent accessoirement et personnellement pour la dette d'autrui, c'est-à-dire les *adpromissores,* les *mandatores pecuniæ credendæ* et les personnes qui font le pacte *de constitut* pour la dette d'un tiers.

A l'origine et dans la rigueur du droit, la position de ces différentes personnes était assez pénible; mais les lois, la jurisprudence, les rescrits des empereurs, et même les Novelles, vinrent successivement adoucir cette position en accordant aux cautions plusieurs bénéfices.

Ces bénéfices, qui vont spécialement nous occuper, sont, en suivant l'ordre de leur établissement :

1° Le bénéfice de la loi Apuléia (an de Rome 652) ;

2° Celui de la loi Furia (an de Rome 659) ;

3° Le bénéfice de cession d'actions dû à la jurisprudence ;

4° Le bénéfice de division introduit par un rescrit d'Adrien ;

5° Le bénéfice d'ordre ou de discussion établi ou rétabli en 535 par la Novelle IV de Justinien (1).

Nous suivrons cet ordre chronologique dans l'examen que nous allons faire de chacun de ces bénéfices en particulier.

CHAPITRE Ier.

BÉNÉFICE DE LA LOI APULEIA.

Ce bénéfice, mentionné par Gaïus (*Com.* III, § 122), était spécial aux *sponsores* et aux *fidepromissores*. Voici à quel inconvénient la loi Apuléia avait voulu remédier : quand plusieurs *adpromissores* étaient intervenus pour le même débiteur, chacun était obligé pour le tout ; le créancier pouvait donc s'adresser à l'un d'entre eux et lui demander la totalité de la dette. Ce droit, pour le créancier, était la conséquence tirée par les jurisconsultes

---

(1) Remarquons dès à présent que, parmi ces bénéfices, les uns s'appliquaient à toutes les cautions, tandis que les autres étaient spéciaux à quelques-unes d'entre elles. Remarquons aussi que, parmi ceux qui étaient communs à toutes les classes de cautions, il y en avait qui, établis d'abord pour une de ces classes, avaient fini par s'étendre aux autres.

romains, de la forme que les *adpromissores* avaient employée pour s'obliger ; ils avaient répondu à la stipulation : *Idem spondes? Idem fidepromittis? Idem fide tua esse jubes?* suivant qu'ils avaient voulu se constituer *sponsores*, *fidepromissores* ou *fidéjusseurs*. Ils avaient tous promis la même chose que le débiteur principal. Cela étant, lorsque l'un d'eux avait payé toute la dette, soit spontanément, soit sur les poursuites du créancier, il avait payé sa propre dette. Il avait bien, contre le débiteur, qu'il avait libéré, une action de mandat ou de gestion d'affaires pour se faire indemniser, mais l'insolvabilité de ce débiteur pouvait rendre son recours illusoire ; dans ce cas, il ne pouvait pas se retourner contre les autres *adpromissores* et leur faire supporter une part contributoire dans la perte. Quelle action, en effet, aurait-il pu exercer contre eux? Une action de mandat? Mais il n'y avait entre eux aucun contrat de mandat. Une action de gestion d'affaires? Mais, s'il avait payé, c'était pour acquitter sa propre dette, il n'avait eu aucune intention de gérer l'affaire des autres ; en fait, il les avait libérés ; mais, dans l'opinion qui avait fini par prévaloir en droit romain, cette circonstance ne suffisait pas pour lui donner contre eux une action de gestion d'affaires. L'*adpromissor* était donc exposé à voir le payement rester tout entier à sa charge.

Toutefois, dans le cas particulier où les *adpromissores* avaient fait entre eux un contrat de société, celui qui avait payé pouvait, au moyen de l'action *pro socio,* se faire indemniser par les autres, proportionnellement à leurs parts dans la société. Le droit romain trouva là un moyen de venir au secours du *sponsor* ou du *fidepro-*

missor qui avait payé, et de lui donner une action contre les autres. La loi Apuléia établit entre les *sponsores* et les *fidepromissores* une sorte de société, *societatem quamdam introduxit*, et, par suite, donna à celui qui avait payé la totalité de la somme due une action *pro socio* en recours contre ses coobligés, pour leur faire supporter leur part virile dans la dette. Grâce à cette loi, la perte résultant de l'insolvabilité du débiteur ne retombait plus sur un seul des *sponsores* et des *fidepromissores,* mais se répartissait entre tous.

Cette loi Apuléia, portée l'an de Rome 652, n'était pas spéciale à l'Italie ; elle s'étendait à tout l'empire (*Gaïus,* Comm. III, § 122).

CHAPITRE II.

BÉNÉFICE DE LA LOI FURIA.

En second lieu, nous rencontrons le bénéfice de la loi Furia. Cette loi, portée l'an de Rome 659, et par conséquent postérieure de sept ans à la précédente, était encore spéciale aux *sponsores* et aux *fidepromissores*. Elle contenait plusieurs innovations.

Jusque-là, les *sponsores* et les *fidepromissores*, comme tous les débiteurs, étaient tenus *in perpetuum ;* d'après la loi Furia, ils sont libérés *ipso jure* à l'expiration d'un délai de deux ans (Gaïus, Comm. III, § 121). Nous n'avons pas à insister sur cette disposition, nous devons nous occuper seulement du bénéfice introduit par la loi Furia.

Nous avons dit que les *sponsores* et les *fidepromissores*

étaient tenus *in solidum*, la loi Furia vint restreindre l'étendue de leur obligation : elle décida que le créancier ne pourrait demander à chacun d'eux que sa part virile et, pour calculer cette part, elle ne tenait compte que de ceux qui survivaient à l'époque de l'exigibilité (Gaïus, Comm. III, § 121). Cette manière de calculer pourrait nous étonner si Gaïus (Comm. III, § 120), ne nous avait pas appris que les *sponsores* et les *fidepromissores*, à la différence des *fidéjusseurs,* ne transmettaient pas leurs obligations à leurs héritiers. Mais, si on ne compte pas ceux qui sont prédécédés, on fait la division entre tous ceux qui survivent à l'époque de l'échéance, qu'ils soient solvables ou non (Gaïus, Comm. III, § 121). La mort de l'un des *sponsores* ou des *fidepromissores* avait donc pour résultat, d'après la loi Furia, d'augmenter la part contributoire des autres, tandis que les conséquences de son insolvabilité retombaient sur le créancier.

Si le créancier, contrevenant aux dispositions de la loi Furia, avait poursuivi un seul des *sponsores* ou *fidepromissores* pour le tout, il aurait commis une plus-pétition et en aurait subi les conséquences, c'est-à-dire qu'il n'aurait pas pu obtenir de condamnation contre celui qu'il aurait poursuivi, et aurait perdu son droit contre les autres.

La loi Furia ne s'appliquait qu'à l'Italie, et cette circonstance fournit à Gaïus la solution d'une question qu'on se posait de son temps : on se demandait si cette loi n'abrogeait pas complétement le bénéfice de la loi Apuléia. Ces deux lois sont, en effet, incompatibles : la loi Apuléia suppose qu'un seul peut être poursuivi pour le tout, et la loi Furia a précisément pour but de détruire cette obligation *in solidum*. Gaïus répond que, sans aucun doute, le bénéfice de la loi Apuléia subsiste hors de l'Italie, car cette loi s'appliquait à tout l'empire, tandis que la loi Furia était spéciale à l'Italie.

Ajoutons que la loi Furia fut une des causes, peut-être même la principale, de la disparition des *sponsores* et des *fidepromissores,* qui seuls étaient protégés par elle. Cette loi leur accordait une protection trop exagérée, était trop contraire aux intérêts et aux intentions du créancier, qui, en exigeant plusieurs garants, voulait obtenir plus de sûretés, mais non prendre à sa charge les risques de l'insolvabilité de l'un ou de plusieurs d'entre eux. Pour échapper aux dispositions de la loi Furia, les créanciers durent exiger l'intervention non plus de *sponsores* ou de *fidepromissores,* mais de fidéjusseurs qui ne jouissaient pas du bénéfice de la loi Furia, qui peut-être même n'existaient pas encore lorsque fut portée cette dernière loi, car nous les trouvons mentionnés pour la première fois dans une loi Cornélia de l'an 673.

CHAPITRE III.

BÉNÉFICE DE CESSION D'ACTIONS.

La jurisprudence avait introduit en faveur des cautions un troisième bénéfice, celui de la cession des actions. Ce bénéfice appartenait aussi bien aux *adpromissores* qu'aux *mandatores pecuniæ credendæ* et à ceux qui font le pacte de constitut pour garantir la dette d'autrui; mais les engagements de ces diverses classes d'obligés accessoires n'étant pas de même nature, les règles de la cession des actions n'étaient pas précisément les mêmes pour les uns et pour les autres. Aussi examinerons-nous séparément ces règles à l'égard des *adpromissores* d'abord, puis à l'égard des *mandatores pecuniæ credendæ*, et enfin nous dirons quelques mots des constituants.

Voyons en premier lieu ce qui concerne les *adpromissores*.

Pour bien comprendre l'importance du bénéfice de cession d'actions, il faut savoir comment les choses se passaient, abstraction faite de ce bénéfice.

Dans la rigueur des principes le fidéjusseur, et ce que je dis du fidéjusseur, je le dis du *sponsor* et du *fidepromissor*, le fidéjusseur qui paye soit spontanément, soit sur les poursuites du créancier, éteint complétement la dette du débiteur principal; mais, comme il a payé une dette qui n'est pas le sienne, il doit avoir un recours contre le débiteur qu'il a libéré; et en effet, à la place de l'ancienne créance éteinte par le payement, naît à son profit une créance nouvelle de mandat ou de gestion d'affaires. Il exerce donc son recours contre le *reus*, soit par une action *mandati contraria,* soit par une action *negotiorum gestorum :* « Si quid autem fidejussor pro reo solverit, ejus recuperandi causa habet cum eo mandati judicium (Inst., *De fidej.*, § 6, 3, 20). Ulpien nous dit aussi dans la loi 29, § 6, *D. Mandati,* 17, 1, *in fine :* « Æquissimum est mandati judicio eum quod solvit recuperare. » Ces textes ne parlent que de l'action de mandat, car ils ont en vue l'hypothèse la plus fréquente, l'*adpromissor* intervenant le plus souvent sur le mandat que lui donne le débiteur. Mais si l'*adpromissor* est intervenu à l'insu du débiteur et dans l'intention de gérer ses affaires, ce n'est plus un mandataire, c'est un *negotiorum gestor,* et comme tel il a, pour

exercer son recours, l'action *negotiorum gestorum contraria* : « Fidejussori negotiorum gestorum est actio, si
pro absente fidejusserit; nam mandati actio non potest
competere, quum non antecesserit mandatum (loi 20,
§ 1, D., *Mandati*, 17, 1). »

Les textes cités jusqu'ici ne nous parlent des actions
mandati et negotiorum gestorum qu'à l'égard des fidéjusseurs; mais ces actions appartenaient également aux
sponsores et aux *fidepromissores* (Gaïus, Comm. III, § 127).
La loi Publicia donnait même au *sponsor,* pour assurer
son recours, une action au double, l'action *depensi*
(Gaïus, Comm. III, § 127). Elle lui donnait aussi la *manus
injectio pro judicato* contre le débiteur qui n'avait pas
remboursé dans les six mois ce qui avait été payé à son
acquit (Gaius, Comm. IV, § 22). C'étaient là des droits
particuliers au *sponsor*.

Cependant, si, en principe, l'*adpromissor* avait contre
le *reus* un recours par les actions de mandat ou de gestion d'affaires, il y avait des cas où il était privé de cette
ressource; c'était ce qui arrivait lorsqu'il était intervenu
malgré le débiteur. Il y a sur ce point un texte célèbre
de Paul : « Si pro te præsente et vetante fidejusserim,
nec mandati actio, nec negotiorum gestorum est; sed
quidam utilem putant dari oportere, quibus non con-
sentio, secundum quod et Pomponio videtur (loi 40,
D., *Mandati*, 17, 1). » On était donc bien d'accord pour refuser à l'*adpromissor* une action de mandat ou de gestion
d'affaires; mais fallait-il le laisser sans aucune ressource
à l'encontre du débiteur? Ici les jurisconsultes étaient
divisés : les uns, notamment Gaïus et Papinien, voulaient
lui donner une action *negotiorum gestorum* utile, mais

les autres et, parmi eux Paul, Pomponius et Julien étaient d'avis contraire, et c'est l'opinion de ces derniers jurisconsultes que Justinien a fait triompher dans la loi 24, C., *De negotiis gestis, 2, 19.*

Laissons de côté cette hypothèse, qui devait se présenter assez rarement dans la pratique, et supposons que l'*adpromissor* a l'action *mandati* ou *negotiorum gestorum;* son remboursement n'est pas encore bien assuré, il est subordonné à toutes les chances de l'insolvabilité du *reus*, car ces actions en recours ne sont accompagnées d'aucune garantie accessoire.

D'un autre côté, lorsqu'il y avait plusieurs *adpromissores*, le créancier pouvait demander la totalité de la dette à un seul d'entre eux, et celui-là, quand il avait payé, n'avait aucun recours contre les autres (Inst., *De fidej.*, § IV, 3, 20, et loi 39, *De fidej.*, D., 46, 1). En effet, il n'aurait pu recourir contre eux qu'en exerçant une action de mandat ou de gestion d'affaires; or, ces deux actions lui étaient refusées, nous l'avons déjà vu en parlant de la loi Apuléia. A une époque assez ancienne, les lois Furia et Apuléia étaient venues, il est vrai, au secours des *sponsores* et des *fidepromissores :* la première, en divisant de plein droit l'obligation entre tous ceux qui survivaient à l'époque de l'exigibilité ; la seconde, en les regardant comme associés et en permettant à celui d'entre eux qui aurait payé plus que sa part de recourir contre les autres par l'action *pro socio.* Mais ces deux bénéfices étaient spéciaux aux *sponsores* et aux *fidepromissores*, dont l'intervention devenait toujours plus rare. Pour les fidéjusseurs, nous ne trouvons rien de semblable ; le créancier conservait le droit de poursuivre chacun d'eux pour le tout, et celui qui avait payé n'avait pas de recours contre les autres. Sans doute, après Adrien, il aurait pu invoquer le bénéfice de division que nous étudierons dans le chapitre suivant; mais, s'il ne l'avait pas invoqué avant le payement ou avant la *litis contestatio*, la perte résultant de l'insolvabilité du débiteur retombait sur lui et sur lui seul (Inst. *De fidej.*, § IV, *in fine*, 3, 20).

Telle était la position des *adpromissores* quand la jurisprudence leur concéda le bénéfice de cession d'actions. En vertu de ce bénéfice, l'*adpromissor,* prêt à désintéresser le créancier, peut le forcer à lui céder toutes ses actions, tant contre le débiteur principal que contre les obligés accessoires : « Fidejussoribus succurri solet, ut stipulator compellatur ei qui solidum solvere paratus est, vendere cæterorum nomina » (loi 17, *De fidej.*, D., 46, 1).

La jurisprudence, en établissant ce bénéfice, avait été guidée par un motif d'équité : elle avait voulu assurer au fidéjusseur son recours contre le débiteur principal et lui donner contre ses cofidéjusseurs une action qu'il n'aurait pas eue sans cela. Elle était d'ailleurs partie de cette idée que le créancier commettait un dol en refusant de céder ses actions au fidéjusseur, car, pour ce créancier, la cession n'a pas d'inconvénients (il ne la fait que si on le désintéresse), tandis que, pour l'*adpromissor,* elle a une grande utilité, qui se manifeste dans les rapports de cet *adpromissor* avec le débiteur principal et avec les autres *adpromissores.*

Vis-à-vis du débiteur principal, le fidéjusseur qui a payé n'est plus réduit à son action *mandati* ou *negotiorum gestorum;* il exercera les droits du cédant lui-même et, par suite, aura toutes les sûretés, gages, priviléges, hy-

pothèques qui garantissaient au créancier son payement. C'est ce que nous disent les empereurs Dioclé-
tien et Maximien dans la loi 21, C., *De fidej.*, 8, 41 ;
c'est ce que nous trouvons encore dans un rescrit des
empereurs Sévère et Antonin, qui forme la loi 2, C., *De
fidej*. D'après cette constitution, le créancier qui, pour
la même dette, a reçu et des gages et un fidéjusseur, peut
demander le payement au fidéjusseur ; mais, lorsqu'il
procède ainsi, il doit lui céder son droit aux gages.

Cette loi apporte cependant une restriction à l'obligation pour le créancier de céder au fidéjusseur son droit
aux gages. Cette restriction est fondée sur la considération même qui a fait établir notre bénéfice, sur cette considération qu'il profite au fidéjusseur sans nuire au créancier. Voici en quoi consiste cette exception : le créancier
doit bien céder au fidéjusseur les gages, les hypothèques
qu'il a reçus pour la dette que lui paye ce fidéjusseur,
quand il les a reçus uniquement pour cette dette, alors
il n'éprouve aucun préjudice ; si, au contraire, il a reçu
les gages non-seulement pour la dette garantie par la fidéjussion, mais encore pour d'autres dettes, la cession lui
ferait perdre la garantie que lui procure le gage pour ses
autres créances ; il est dispensé de la faire tant qu'il
n'est pas complétement désintéressé.

A propos des gages et des hypothèques se présente une
question : la cession des actions comprend-elle l'action
hypothécaire du créancier quand la chose hypothéquée
n'est plus entre les mains du débiteur, mais d'un tiers
détenteur? Cette question est controversée chez nous ;
mais, en droit romain, aucun doute ne s'élève à cet égard,
le fidéjusseur peut se faire céder l'action hypothécaire du

créancier, de manière à poursuivre même un tiers détenteur. La loi 14, C., *De fidej.*, 8, 41, le dit formellement.

Le fidéjusseur cessionnaire exerce les actions du créancier contre le débiteur; mais comment les choses vont-
elles se passer, si, au lieu d'un débiteur unique, le créancier avait *duo rei promittendi*, Primus et Secundus, et un
fidéjusseur, Tertius, ce fidéjusseur, qui s'est fait céder
les droits du créancier, pourra-t-il agir *in solidum* contre
celui des *rei* qu'il voudra?

Pour répondre à cette question, il faut distinguer :
Tertius a-t-il cautionné les deux *rei*, il peut demander
la totalité à l'un ou à l'autre à son gré, et cela, qu'il
agisse par l'action *mandati*, par l'action *negotiorum
gestorum* qu'il a de son chef, ou comme cessionnaire du
créancier. Cette solution ne peut faire aucune difficulté,
car que le fidéjusseur s'adresse à Primus ou à Secundus,
il ne lui doit aucune garantie.

Supposons maintenant que ce fidéjusseur Tertius n'ait
cautionné que l'un des *rei*, Primus, il pourra bien recourir contre lui *in solidum;* ici encore pas de difficultés;
mais si Primus est insolvable, et si avec Secundus il y
avait chance de remboursement, que pourra-t-il demander
à Secundus en vertu de la cession? Evidemment, il ne
pourra pas lui demander la totalité de la dette, car une
moitié de cette dette devrait rester à la charge de ce fidéjusseur de Primus, plutôt qu'à la charge de Secundus.
Les jurisconsultes romains avaient, en effet, donné aux
correi promittendi le bénéfice de cession d'actions (loi 65,
De evictionibus, D., 21, 2) pour faire distribuer équitablement entre eux le fardeau de la dette. Si donc le
créancier s'était d'abord adressé à Secundus, celui-ci

aurait pu lui demander la cession de ses actions contre Primus et le fidéjusseur de Primus, pour répéter la moitié de ce qu'il aurait payé; comment dès lors ce fidéjusseur, s'il a payé, pourrait-il redemander cette moitié à Secundus? Quant à l'autre moitié, il pourra certainement la répéter, car le fidéjusseur de Primus doit être traité aussi bien que le débiteur qu'il a cautionné, et Primus, s'il payait, aurait recours contre Secundus pour la moitié. Du reste, il n'y a pas de textes sur ce point.

Jusqu'ici nous avons vu les avantages que la cession des actions confère au fidéjusseur pour assurer son recours contre le débiteur; mais si, au lieu d'un seul fidéjusseur, il y en a plusieurs, notre bénéfice nous apparaît avec une utilité plus grande encore. Nous savons que le fidéjusseur qui avait payé n'avait pas d'action en recours contre ses cofidéjusseurs; eh bien! grâce à la cession, il va avoir une action en recours contre eux (loi 17, *De fidej.*, D., 46, 1; loi 39, *De fidej.*, D., 46, 1, et on peut y joindre la loi 23 pr., *De hereditate vel actione vendita*, D., 18, 4). D'après cette loi, le vendeur d'une créance, sauf convention contraire, doit céder à l'acheteur tous les droits qui lui compètent relativement à cette créance, tant contre le débiteur lui-même que contre les *intercessores*.

Lorsque le fidéjusseur a ainsi obtenu la cession des actions, il ne peut pas agir *in solidum* contre ses cofidéjusseurs comme aurait pu le faire le créancier : non-seulement il doit déduire sa part, mais il ne pourra poursuivre chacun des autres que pour la part que celui-là doit supporter définitivement dans la dette. En effet, la jurisprudence, en introduisant le bénéfice de

cession d'actions, a voulu surtout empêcher que toute
la dette ne restât à la charge d'un seul des fidéjusseurs,
il ne faut pas que la cession des actions fasse retomber
cette dette tout entière sur un autre. On s'est proposé
de donner un recours au fidéjusseur ; l'équité veut que
ce recours se divise entre tous les cofidéjusseurs, comme
se serait divisée l'action du créancier, si le fidéjusseur
poursuivi avait invoqué le bénéfice de division ; et de
même que, lorsqu'il s'agit du bénéfice de division, on
ne tient compte que des cofidéjusseurs solvables au moment où ce bénéfice est accordé, de même ici on ne tient
compte que des cofidéjusseurs solvables au moment où
l'action cédée est intentée. A défaut de textes positifs sur
ce point, on peut tirer argument de la loi 5, pr., *De censibus*, D., 50, 15, qui prévoit une hypothèse analogue.
Plusieurs propriétaires sont débiteurs d'impôts ; le fisc,
dans un intérêt de célérité, poursuit un seul d'entre eux ;
celui-là paye le tout et obtient du fisc la cession de ses
actions contre les autres. Papinien dit que ce propriétaire aura contre les autres, dont les fonds sont tenus
également, un recours *scilicet ut omnes pro modo præ-
diorum pecuniam tributi conferant*. On peut encore argumenter de la loi 10 pr., *De fidej.*, D., 46, 1. Lorsqu'il
y a plusieurs fidéjusseurs et que l'un d'eux est poursuivi
in solidum par le créancier, il peut invoquer le bénéfice
de division et exiger que le créancier divise son action
entre tous les cofidéjusseurs solvables ; or, lorsque le
fidéjusseur qui a payé la totalité de la dette s'est fait
céder les actions du créancier, il prend ces actions avec
leurs prérogatives, mais aussi avec leurs charges : il pourrait donc se voir opposer la division par les autres. Du

reste, cette division de l'action en recours entre cofidéjusseurs est une idée juste qui a passé chez nous.

Avant d'aller plus loin, il faut répondre à une objection
qui se présente naturellement à l'esprit dès qu'on étudie
le bénéfice de cession d'actions. Le créancier ne cède ses
actions que si on le désintéresse intégralement (*ei qui
solidum solvere paratus est*, disent les textes) ; or le payement étant une cause radicale d'extinction des obligations fait disparaître complétement les droits du créancier ; comment dès lors peut-il être question de cession ?

Les jurisconsultes romains s'étaient fait cette objection
et en avaient senti toute la force. Pour y échapper, ils
avaient eu recours à une fiction, ils avaient changé la
cause du payement fait par le fidéjusseur : pour eux ce
n'était pas le payement de la créance, c'était le payement
du prix de la vente que le créancier faisait au fidéjusseur
de ses actions avec leurs accessoires. Cette vente inves-
tissait le fidéjusseur cessionnaire des droits du créancier
tant contre le débiteur que contre les autres fidéjusseurs.
Gráce à cette fiction, le payement n'éteignait pas la
créance ; les parties n'avaient pas voulu l'éteindre, car
c'était là ce que l'une achetait, ce que l'autre vendait.
Cette objection et ce moyen d'y répondre se trouvent dans
la loi 36, *De fidej.*, D., 46, 1, et dans la loi 17, *De fidej.*,
D., nous avons déjà vu les expressions *vendere cæterorum
nomina*. On peut ajouter dans le même ordre d'idées
plusieurs autres textes, notamment les lois 21, *De tut. et
rat.*, D., 27, 3 ; 5, *De censibus*, D., 50, 15 ; 76, *De solut.*,
D., 46, 3.

Ici se présente une autre difficulté : c'est que dans le
droit romain une créance ne peut pas être cédée, car

celui qui s'est obligé envers une personne ne peut pas sans sa volonté, par le fait d'autrui, peut-être même à son insu, devenir le débiteur d'une autre personne envers qui il n'a contracté aucun engagement; comment donc va s'opérer la transmission des actions du créancier ?

Les jurisconsultes romains, ici encore, avaient tranché la difficulté au moyen d'une fiction : ils avaient eu recours au procédé qu'ils employaient ordinairement pour faire passer une créance d'une tête sur une autre. On pouvait exercer ses actions par procureur, ils avaient tiré parti de ce principe : le créancier donnait au fidéjusseur qui le payait mandat d'exercer ses actions; mais c'était un mandat dont il ne rendait pas compte; il était *procurator in rem suam*. En vertu de cette procuration, le fidéjusseur pouvait intenter les actions du créancier, tant contre le *reus* que contre les obligés accessoires; il obtenait une condamnation et en conservait les avantages. Cette manière d'opérer la cession est indiquée par un très-grand nombre de textes; dans presque toutes les lois qui se rapportent à notre matière, nous trouvons les mots : *mandare actiones*.

Nous connaissons les effets de la cession des actions, son caractère et la manière dont elle s'opérait; nous avons vu aussi que le fidéjusseur ne pouvait invoquer ce bénéfice que s'il était prêt à désintéresser complétement le créancier. Ajoutons que la cession d'actions, à la différence de la subrogation légale du droit français, n'avait pas lieu de plein droit; elle devait être demandée (loi 39, D., *De fidej.*, 46, 1); mais à quel moment fallait-il la requérir ?

Pour répondre à cette question, il faut distinguer suivant que le fidéjusseur paye volontairement le créancier, ou, au contraire, se laisse poursuivre en justice.

Première hypothèse. — Le fidéjusseur paye volontairement : il vient trouver le créancier et lui dit : « Il vous est dû une somme de 100, je vous apporte cette somme, mais ce n'est pas pour éteindre votre créance, c'est comme prix de la vente que vous me faites de vos actions contre le débiteur et les autres obligés; cela n'a pour vous aucun inconvénient, et a pour moi la plus grande utilité. » Le créancier devait se prêter à cet arrangement juste et raisonnable; mais il fallait que la cession des actions fût réclamée et faite avant le payement, ou, au plus tard, lors du payement; car, la dette une fois payée, les droits du créancier auraient été éteints, et, par suite, il n'y aurait plus eu de cession possible (loi 11, C., *De fidej.*, 8, 41; loi 39, *De fidej.*, D., 46, 1; *Inst. De fidej.*, § 4 in fine, 3, 20).

Deuxième hypothèse. — Le fidéjusseur est poursuivi en justice, il doit demander la cession avant de laisser délivrer contre lui la formule d'action; car, dès qu'il y a eu *litis contestatio* contre l'un des fidéjusseurs, le débiteur et les autres fidéjusseurs sont libérés vis-à-vis du créancier; si donc la cession n'avait pas eu lieu avant la *litis contestatio*, le créancier n'aurait plus rien eu à céder, ses droits auraient été éteints comme s'il y avait eu payement. Cette nécessité de demander la cession avant la *litis contestatio* n'existe plus sous Justinien. En effet, cet empereur décida dans la loi 28, C., *De fidej.*, qu'à l'imitation de ce qui se passait pour les *mandatores pecuniæ credendæ*, la poursuite dirigée contre le fidéjusseur ne libérerait plus le *reus* et les autres fidéjusseurs, et réciproquement, que la poursuite dirigée contre le *reus* ne libérerait plus les fidéjusseurs. Cela étant, il faudra appliquer ici les règles que nous étudierons plus loin à propos des *mandatores*, et dire que sous Justinien, le fidéjusseur peut demander la cession des actions même après avoir été poursuivi et condamné.

La cession des actions, nous l'avons dit, s'opère au moyen d'un mandat que le créancier donne au fidéjusseur ; mais le mandat est un contrat, et, par suite, exige le consentement du mandant ; va-t-il dépendre du créancier de refuser ce consentement et de priver ainsi le fidéjusseur du bénéfice de cession d'actions ? Non, la loi 17, *De fidej.*, D., nous l'apprend : « Fidejussoribus succurri solet, ut stipulator *compellatur* ei qui solidum solvere paratus est vendere cæterorum nomina (Loi 2, C., *De fidej.*, 8, 41 ; loi 21, C., *De fidej.*, 8, 41). »

Quel était le moyen de vaincre la résistance du créancier qui se refusait à la cession ? Papinien nous l'indique dans la loi 65, *De evictionibus*, D., 21, 2 : c'était l'exception de dol. On partait de cette idée que le créancier, du moment qu'il recevait ce qui lui était dû, n'avait aucun intérêt à le recevoir à un titre plutôt qu'à un autre, et on considérait qu'il y avait mauvaise foi de sa part à ne pas vouloir regarder l'opération comme une vente de sa créance.

Le fidéjusseur obtenait donc la cession des actions du créancier *per doli exceptionem* ; cependant on peut se faire une objection. Le préteur ne met l'exception dans la formule que lorsqu'il y a un fait à vérifier par le juge ; or, lorsque les parties sont devant le juge, il y a eu *litis contestatio*, le créancier n'a plus de droits, comment peut-on parler de cession?

Voici probablement comment les choses se passaient. Deux hypothèses pouvaient se présenter : le dol du créancier était manifeste, ou bien la constatation de ce dol exigeait un examen plus ou moins long. Le créancier commet, nous le supposons, un dol manifeste; il avoue, par exemple, qu'il a des actions et ne veut pas les céder; le préteur, suffisamment édifié sur sa mauvaise foi, refuse de lui délivrer une formule et le punit ainsi de son dol par l'impossibilité d'obtenir une condamnation. Si, au contraire, le dol du créancier n'est pas évident, si les faits qui le constituent demandent une vérification plus ou moins longue, le préteur délivrera la formule , mais modifiée par l'exception de dol ; alors, si le juge reconnaît qu'il y a eu effectivement mauvaise foi du créancier, il prononcera l'absolution du défendeur ; si l'exception de dol n'est pas justifiée, il condamnera ce défendeur. Nous voyons donc en quel sens on pouvait dire que le fidéjusseur invoquait son bénéfice *per doli exceptionem,* le créancier qui avait des actions les cédait pour éviter de voir son action *ex stipulatu* contre le fidéjusseur repoussée par l'exception de dol.

Du reste, le créancier n'était tenu de céder ses actions que telles qu'il les avait au moment où il en était requis; il n'était pas obligé de les conserver en vue de la cession qui pouvait lui en être demandée ; c'est ce que décide la loi 15, § 1, *De fidej.* D. (46. 1). Voici ce que suppose cette loi. Un créancier d'une somme de 20 a reçu deux fidéjusseurs, Primus et Secundus ; Primus vient le trouver, et, en lui donnant ou en lui promettant 5, ob-

tient de lui un pacte *de non petendo;* l'autre fidéjusseur, Secundus, n'est pas libéré, et lorsqu'il sera poursuivi en payement des 15 qui restent dus, il ne pourra
pas opposer l'exception de dol. La raison de cette décision est bien simple. La fidéjussion est un contrat unila-
téral ; le fidéjusseur se lie envers le créancier, mais celui-ci ne contracte aucune obligation de conserver ses
actions pour les céder lors du payement : il a donc pu,
sans violer ses engagements, faire un pacte *de non petendo* avec l'un des fidéjusseurs ; il aurait pu de même
renoncer à ses gages, à ses hypothèques, et, dans tous ces
cas, l'exception de dol ne pourrait pas lui être opposée.
Il résulte de là que le créancier pouvait priver le fidéjusseur du bénéfice de cession d'actions; cependant il ne
faut pas qu'en procédant ainsi il agisse de mauvaise foi,
et cette circonstance va nous fournir des exemples de cas
où l'exception de dol sera insérée dans la formule délivrée au créancier. Le fidéjusseur est actionné par le
créancier, il lui demande la cession de ses actions, le
créancier prétend avoir fait un pacte *de non petendo,*
avoir renoncé à ses gages, à ses hypothèques ; le défendeur fait insérer dans la formule l'exception de dol, et
alors le juge a la plus grande latitude d'appréciation, il
peut examiner si ce pacte *de non petendo,* si ces renon-
ciations aux gages, aux hypothèques, ne constituent pas
un dol du créancier, et, s'il reconnaît que le créancier, en
se dépouillant de ses actions, n'a eu d'autre intention
que de nuire au fidéjusseur, il absoudra ce dernier. Bien
certainement il y aurait dol si le fidéjusseur Primus, venant trouver le créancier et lui offrant de le payer moyennant cession de ses actions, celui-ci refusait la cession,

s’empressait de faire un pacte *de non petendo* avec les cofidéjusseurs de Primus, de renoncer à ses gages, à ses hypothèques, et revenait immédiatement agir contre Primus. Dans ce cas, l’exception de dol serait justifiée, et il n’y aurait pas de condamnation prononcée contre le défendeur (1).

Nous avons dit que la cession des actions devait être invoquée avant le payement, avant la *litis contestatio ;* mais le fidéjusseur ne s’en est pas prévalu, il a payé ou s’est laissé poursuivre, aura-t-il une action utile ? Non, les principes et les textes s’y opposent : les principes, car le fidéjusseur est tenu d’une action *ex stipulatu,* et tout en cette matière est de droit strict, on ne tient pas compte de ce que voudrait l’équité ; les textes, car la loi 39, *De fidej.,* D., porte que le fidéjusseur, forcé de payer la totalité, aurait pu exiger du créancier la cession de ses actions contre les autres, mais que, s’il avait omis de le faire, la cession ne serait pas présumée (2).

Passons aux *mandatores pecuniæ credendæ.*

La jurisprudence, qui avait accordé le bénéfice de cession d’actions aux *adpromissores,* l’avait, par les mêmes motifs, accordé aux *mandatores pecuniæ credendæ* (loi 13, *De fidej.,* D.; loi 41, § 1, *De fidej.,* D.). Le *mandator* qui avait payé n’avait pour se faire rembourser par le débiteur qu’une action de mandat ou de gestion d’affaires dépourvue de garanties accessoires ; la cession des actions assure le recours de ce *mandator,* elle lui permet d’exercer contre le débiteur toutes les actions du créancier avec

---

(1) M. Demangeat, *Duo rei,* p. 256 ; M. Machelard, textes sur la possession, les hypothèques et les donations entre époux, p. 151 à la note.

(2) V., dans le même ordre d’idées, l. 11, C., De fidej.; Inst., De fidej., § 4, *in fine.*

les sûretés accessoires qui peuvent y être attachées. D'autre part, s'il y avait plusieurs *mandatores,* celui d'entre eux qui payait toute la dette ne pouvait pas agir contre les autres pour leur faire supporter leur part dans ce qu'il avait payé ; la cession lui donnait une action contre eux. Je n'insisterai pas davantage sur les effets de la cession des actions à l'égard des *mandatores;* ces effets sont les mêmes que pour les fidéjusseurs, et je renvoie sur ce point à ce que j'ai dit ci-dessus en parlant de l'*adpromissio.*

Quant au moyen d'opérer la cession, c'était ici encore une *procuratio in rem suam;* je renvoie également à ce que j'ai dit plus haut.

Si, à ces différents points de vue, les règles de la cession des actions étaient les mêmes pour les fidéjusseurs et les *mandatores,* elles différaient à d'autres égards, et nous allons examiner ce qu'elles avaient de particulier en ce qui concernait les *mandatores pecuniæ credendæ.*

Et d'abord, quant au moment où la cession d'actions devait être réclamée, les fidéjusseurs devaient la demander avant la *litis contestatio,* ou avant le payement; la règle n'était pas la même pour les *mandatores*, mais, à leur égard, il faut distinguer, suivant que la cession avait pour objet les actions du créancier contre le débiteur ou contre les comandants.

Examinons séparément ces deux hypothèses.

1re *hypothèse.* Il s'agit de la cession contre le débiteur. Le *mandator* peut la réclamer après avoir été poursuivi (loi 13, *De fidej.*, D. (46-1). La loi 95, § 10, *De solutionibus,* D., 46-3, va encore plus loin; elle déclare que, même après le payement fait par le *mandator,* le débiteur n'est pas libéré. Voici ce que suppose cette loi. Je vous donne mandat de prêter à Titius; vous faites ce prêt, vous n'êtes pas remboursé à l'échéance, vous agissez contre moi par l'action *mandati contraria* pour vous faire indemniser du préjudice que vous a causé l'exécution du mandat; je me laisse poursuivre, condamner; je paye, le débiteur Titius est-il libéré? On pourrait le croire, car la poursuite dirigée contre un fidéjusseur, le payement fait par un fidéjusseur aurait libéré le débiteur; et cependant Papinien nous dit qu'il n'en est pas ainsi, et que le *mandator* peut après la *litis contestatio,* après le payement, se faire céder les actions du créancier contre le *reus.* Pour expliquer comment le payement fait par le *mandator* ne libère pas le débiteur, et comment la cession peut avoir lieu postérieurement, Pothier suppose que le créancier a vendu ses actions au *mandator* qui le payait, c'est-à-dire qu'il reproduit le raisonnement que faisait Paul dans la loi 36, *De fidej.*, D., à propos des fidéjusseurs. Voici comment s'exprime Pothier : « Atqui tamen debitor idem debet quod mandator ; non potest autem creditor bis idem exigere; verum ideo non liberatur debitor, quia tenetur creditor cedere suas actiones mandatori adversus illum (Pand., *De solut.,* n° 87). » Cette supposition, indispensable pour expliquer comment le payement fait par le fidéjusseur n'éteignait pas l'obligation unique qui existait à la charge de ce fidéjusseur et du *reus,* et comment après ce payement il pouvait encore être question de cession, n'est pas nécessaire pour expliquer comment le payement fait par le *mandator* laisse subsister l'obligation du débiteur. Cela résulte de la nature même des choses. Quand il y a dette garantie par un *mandator credendæ pecuniæ,* il y a deux obligations fondées sur des causes distinctes : l'une du *mandator* envers le créancier, elle résulte du mandat de prêter donné à ce dernier et fait naître à son profit contre le *mandator* l'action *mandati contraria;* l'autre, de l'emprunteur envers le créancier, elle résulte du *mutuum* et donne naissance contre le débiteur à la *condictio certi*. Ces deux obligations ont une existence parfaitement indépendante ; l'une peut très-bien subsister quand l'autre est éteinte. Cela étant, lorsqu'il y a eu poursuite dirigée contre le *mandator,* l'action du créancier contre lui a bien été déduite *in judicium,* mais cela n'affecte en rien l'action du créancier contre le débiteur ; de même, le payement fait par le *mandator* éteint bien son obligation, mais laisse subsister celle du débiteur principal (loi **28,** *Mandati,* **D.,** 17-1).

Le créancier, malgré le payement fait par le *mandator,* a donc conservé son action contre l'emprunteur, mais cette action qu'en fera-t-il? L'intentera-t-il lui-même? Non, il ne faut pas qu'après avoir reçu ce qui lui était dû comme indemnité du préjudice que lui a causé le mandat, il puisse recevoir une seconde fois le payement de la même somme à un autre titre, et, s'il agissait contre le débiteur, il serait repoussé par l'exception *doli mali;* ses actions ne lui seront plus d'aucune utilité, il les cédera au mandant, et comme celui-ci en les exerçant n'agira pas de mauvaise foi, il n'aura pas à craindre l'exception de dol.

Dans cette hypothèse, si le créancier refusait de céder ses actions au *mandator,* il manquait aux obligations qu'il avait contractées en acceptant le mandat de prêter, et le *mandator* avait, pour le contraindre à faire la cession, l'action *mandati directa* contre lui.

Arrivons à la deuxième hypothèse, à la cession des actions considérée dans les rapports des *mandatores* entre eux : jusqu'à quelle époque la cession pourra-t-elle être demandée ?

Supposons que l'un des *mandatores* soit poursuivi par le créancier. En principe, lorsque plusieurs personnes sont tenues d'une action *in factum* ou d'une action de bonne foi, à la différence du cas où elles sont tenues d'une *condictio,* la poursuite dirigée contre l'une d'elles ne libère pas les autres; seul, le payement opère la libération de tous les obligés. Cette règle est posée, spécialement en ce qui concerne les *mandatores pecuniæ credendæ*, dans la loi 52, § 3, *De fidej.*, D., 46, 1, où Ulpien dit que si l'un des *mandatores* a été non pas seulement poursuivi mais absous, les autres restent tenus : « Plures ejusdem pecuniæ credendæ mandatores, si unus judicio eligatur, absolutione quoque secuta non liberantur, sed omnes liberantur pecunia soluta. » Le créancier qui poursuit l'un des *mandatores* conserve donc ses actions contre les autres, et par suite peut les céder. Aussi Modestin, dans la loi 41, § 1, *De fidej.*, D., nous dit-il que le comandant qui a été poursuivi et condamné peut encore sur l'action *judicati* réclamer la cession. Le *mandator* actionné pourra donc demander la cession tant qu'il sera *in jure*, et si le créancier ne veut pas y consentir, le préteur pourra refuser de lui délivrer la formule d'action. Le *mandator* pourra encore *in judicio* demander la cession, et, comme dans les actions de bonne foi l'exception de dol est sous-entendue, le juge, en vertu du pouvoir d'appréciation que lui aurait conféré l'insertion de cette exception dans la formule, pourra ne pas condamner le *mandator* si le créancier refuse la cession. Enfin, lorsque la condamnation aura été prononcée, le *mandator* sera encore à temps pour obtenir la cession, mais comment parviendra-t-il à ce résultat ? Il n'exécutera pas la sentence, il attendra que le créancier le poursuive par l'action *judicati*, et c'est alors qu'il réclamera la cession au moyen d'une exception.

Passons au payement. Il y a plusieurs *mandatores ;* l'un d'eux a payé la totalité, pourra-t-il demander au créancier la cession de ses actions contre les autres ? Distinguons : le *mandator* a-t-il payé purement et simplement, sans aucune réserve ; ses coobligés sont libérés (*omnes liberantur pecunia soluta*), L. 52, § 3 *De fidej.*, *D.* Tous les droits du créancier sont éteints, il n'y a plus de cession possible.

Le *mandator* en payant est-il au contraire convenu avec le créancier que celui-ci lui céderait ses actions, les comandants n'étant pas libérés, il pourra après le payement se faire faire la cession. La somme qu'il a versée se décompose en deux parties : l'une est le payement qu'il fait de sa part dans la dette ; l'autre est le prix de la vente que le créancier lui fait de ses actions contre les autres *mandatores.*

Ces décisions ne se trouvent dans aucun texte relativement aux *mandatores pecuniæ credendæ*, mais elles sont dictées par les principes et consacrées à propos des cotuteurs par la loi 76, *De solutionibus*, *D.*, 46, 3 : « Modestinus respondit, si post solutum sine ullo pacto omne, quod ex causa tutelæ debeatur, actiones post aliquod intervallum cessæ sint, nihil ea cessione actum, quum nulla actio superfuerit; quod si ante solutionem hoc factum est, vel quum convenisset ut mandarentur actiones, tunc solutio facta esset, mandatum subsecutum est, salvas esse mandatas actiones, quum novissimo quoque casu pretium magis mandatarum actionum solutum, quam actio quæ fuit perempta videatur. »

De ce texte résultent trois propositions :

1° La cession faite après que le cotuteur a payé *sine ullo pacto* est nulle et de nul effet.

2° Le cotuteur peut agir comme cessionnaire du créancier quand la cession a eu lieu avant le payement.

3° Le cotuteur peut recevoir la cession, même après le payement, quand il a payé sous cette réserve que les actions lui seraient cédées.

Ces trois propositions sont évidemment applicables aux *mandatores pecuniæ credendæ*, qui très-souvent sont mis par les lois sur la même ligne que les cotuteurs. Il y a d'ailleurs les mêmes raisons pour les appliquer aux uns et aux autres.

Cette interprétation de la loi 76, *De solut.*, est celle qui se présente naturellement à l'esprit quand on lit ce texte. Cependant, Dumoulin l'entend tout autrement. Il veut établir que les débiteurs solidaires sont de plein droit subrogés dans les actions du créancier; mais la loi 76 est contraire à cette théorie, que fait-il? Il prétend que, dans l'espèce prévue par Modestin, le payement a été fait non par le cotuteur, mais par un tiers. Rien dans le texte ne justifie cette interprétation. Quand on dit en termes généraux qu'une dette solidaire est payée, est-il présumable que ce soit par un tiers? Ajoutons que la loi 1, *C., De contr. jud. tut.* (5, 58), vient encore contredire l'interprétation de Dumoulin. Voici cette loi : « Si pro judicato contutore pecuniam solvisti, nullum judicium tibi contra pupillum competit, ut delegetur tibi adversus liberatum actio. Quod si nomen emisti, in rem tuam procurator datus heredes judicati poteris convenire. » Ce texte suppose que le payement est fait par un des cotuteurs, et les empereurs Sévère et Antonin disent que ce tuteur qui a payé ne peut pas se faire céder les actions du pupille contre son cotuteur. Dumoulin, cependant, n'abandonne pas encore sa théorie ; il prétend que les empereurs s'occupent ici non pas de l'action *directa tutelæ*, mais de l'action *judicati,* dont le cotuteur qui paye n'a jamais été tenu solidairement, et pour laquelle il est par conséquent un tiers. On peut répondre à Dumoulin que si le cotuteur était de plein droit investi de l'action *directa tutelæ*, il ne s'adresserait pas aux empereurs pour savoir s'il peut se faire céder l'action *judicati*, et les empereurs Sévère et Antonin n'emploieraient pas ces termes généraux : *Nullum judicium contra pupillum competit, ut delegetur tibi adversus judicatum actio.*

Ces deux lois 76, *D., De solut.*, et 1, *C., De cont. jud. tut.*, ne supposent pas, remarquons-le, qu'une poursuite judiciaire ait été dirigée contre le cotuteur qui a payé. La loi 1, *C., De contr. jud. tut.*, suppose que l'un des tuteurs a été poursuivi, et que l'autre a payé ; la loi 76, *De solut.*, ne fait aucune allusion à des poursuites qui auraient eu lieu contre celui qui a payé.

Supposons que le tuteur ait été poursuivi *in solidum*, il est condamné ; il oublie d'invoquer le bénéfice *ceden-*

darum actionum et paye, va-t-il être privé de toute action pour faire supporter à ses cotuteurs leur part dans la dette ? Non, les jurisconsultes et les empereurs étaient venus à son secours et lui avaient donné une action utile ; c'est ce que nous voyons dans la loi 1, § 13, *De tut. et ration.*, *D.*, 27, 3 : « Et si forte quis ex facto alterius tutoris condemnatus præstiterit, vel ex communi gestu, nec ci mandatæ sunt actiones, constitutum est a divo Pio, et ab Imperatore nostro, et divo patre ejus, utilem actionem tutori adversus contutorem dandam. » Antonin Caracalla donne la même décision dans une hypothèse semblable (L. 2, *C.*, *De contr. jud. tut.*, 5, 58).

Cette action utile est l'action *utilis tutelæ directa*, qui, en vertu d'une cession sous-entendue, est passée sur la tête du tuteur poursuivi, qui a payé sans se faire céder cette action. Cette décision devrait être appliquée aussi bien au comandant qu'au cotuteur.

On conçoit cette distinction entre le cas où le débiteur solidaire a payé sur les poursuites du créancier et celui où il a payé volontairement. Quand il a été poursuivi, s'il avait songé à demander la cession, il aurait fallu que le créancier l'accordât sous peine de ne pas obtenir du préteur la formule d'action, ou du juge la condamnation ; il ne faut pas qu'un simple oubli lui devienne trop préjudiciable, d'autant plus que cette concession au débiteur solidaire de l'action utile ne nuit en rien au créancier. Mais, lorsqu'il a payé volontairement, il a dû se rendre compte du résultat qu'il voulait atteindre. S'il s'est présenté comme voulant éteindre la créance et non comme voulant l'acheter, tant pis pour lui ; après le payement, il ne peut plus obtenir de cession ni se faire donner une action utile.

Enfin, signalons une dernière différence entre les fidéjusseurs et les *mandatores pecuniæ credendæ*. Le fidéjusseur, on se le rappelle, ne peut se faire céder les actions que telles qu'elles existent entre les mains du créancier à l'époque où il demande la cession ; le créancier n'est pas tenu de les conserver pour les lui céder : car dans le contrat de fidéjussion, le fidéjusseur seul s'oblige, mais le créancier ne contracte aucune obligation (loi 15, § 1, *De fidej.*, *D.*, 46, 1). Il n'en est pas de même en ce qui concerne les *mandatores ;* si le créancier s'est mis dans l'impossibilité de céder ses actions, le *mandator* peut lui refuser le payement. C'est ce que nous dit la loi 95, § 11, *De solut.*, *D.*, 46, 3).

Voici l'hypothèse de cette loi. Primus a donné mandat à Secundus de prêter à Tertius une somme de 20 ; Secundus n'est pas payé à l'échéance, il intente contre Tertius la *condictio certi ;* mais, au lieu de lui demander 20, il lui demande 25, et est repoussé par la pluspétition ; alors il revient contre le *mandator* Secundus, et lui demande de l'indemniser ; Secundus peut le repousser. Quelle est la raison de cette différence de position entre le fidéjusseur et le *mandator ?*

Cujas et Pothier, pour sauver la contradiction qui leur paraissait exister entre les lois 95, § 11, *De solut.*, et 15, § 1, *De fidej.*, disaient que, dans l'espèce prévue par la première, on peut reprocher au créancier d'avoir perdu son action par sa faute, et que les conséquences de cette faute ne devaient pas retomber sur le *mandator*, tandis que, dans l'hypothèse de la seconde loi, il n'y a rien à reprocher au créancier ; il a fait une libéralité, c'est-à-dire un acte louable. On ne peut pas le blâmer d'avoir fait un pacte de remise avec l'un des fidéjusseurs et de n'en avoir pas fait avec l'autre, d'avoir plus d'affection pour l'un que pour l'autre.

La réponse à ce raisonnement est facile. Sans doute celui qui fait une libéralité ne fait pas un acte blâmable, mais c'est à condition qu'il la fasse à ses dépens et non aux dépens d'autrui, comme dans l'espèce.

La véritable raison de différence se trouve dans les caractères respectifs de la fidéjussion et du mandat. La fidéjussion, je l'ai déjà dit et je le répète, ne produit d'obligations que d'un côté, le créancier ne se lie pas envers le fidéjusseur ; ce dernier seul contracte une obligation par la stipulation. Le *mandatum pecuniœ credcndœ*, au contraire, établit entre le créancier prêteur et le *mandator* des obligations réciproques, parmi lesquelles se trouve à la charge du prêteur celle de conserver les actions qu'il doit céder au *mandator* pour lui assurer le moyen de rentrer dans ses déboursés. C'est cette différence entre les rapports du *mandator pecuniœ credendœ* et ceux du fidéjusseur avec le créancier qui explique comment, malgré leur antinomie apparente, les lois 95, § 11, *De solut.*, et 15, § 1, *De fidej.*, ne sont pas en désaccord.

Pour terminer ce qui concerne le bénéfice de cession d'actions, il faudrait traiter de ceux qui font le pacte de *constitut* pour la dette d'autrui ; mais je ne connais aucun texte qui parle de la cession d'actions au profit des cons- tituants. Je me bornerai donc à dire que ce bénéfice avait dû leur être accordé, car il l'avait été même aux *duo rei promittendi*.

CHAPITRE IV.

BÉNÉFICE DE DIVISION.

Le bénéfice de division appartenait aux *adpromissores*, aux *mandatores pecuniœ credendœ* et aux constituants; nous allons voir dans trois sections différentes ce qu'il avait de spécial relativement à chacune de ces classes de cautions.

Commençons par les *adpromissores*.

SECTION PREMIÈRE.

Bénéfice de division accordé aux adpromissores.

Lorsque plusieurs *adpromissores* avaient garanti une obligation, ils étaient en principe tenus chacun *in solidum*, et cela ne doit pas nous étonner, car chacun d'eux avait été interrogé par le créancier et avait promis la même chose que le débiteur principal; le montant des obligations accessoires se mesurait alors naturellement sur le montant de l'obligation cautionnée. La loi Furia était venue tempérer la rigueur de ces principes pour les *sponsores* et les *fidepromissores*, et décider qu'à l'avenir la dette se diviserait de plein droit entre eux et que chacun ne serait tenu que de sa part virile. Mais cette loi spéciale à l'Italie, spéciale aux *sponsores* et aux *fidepromissores*, ne s'appliquait pas dans les provinces; elle ne s'appliquait pas non plus aux fidéjusseurs. Si donc nous supposons que plusieurs *sponsores* ou *fidepromis-sores* aient accédé à une obligation hors de l'Italie, que plusieurs fidéjusseurs y aient accédé dans une partie quelconque de l'Empire, chacun sera obligé pour le tout, pourra être poursuivi pour le tout et contraint de payer le tout. C'est ce que nous voyons à propos des fidéjusseurs dans le § 4, *De fidej.*, *Inst.*

Et ce qu'il y avait de plus fâcheux, c'est que celui des *adpromissores* qui avait payé toute la dette n'avait en principe aucun recours contre les autres; c'était là une lourde charge pour les *adpromissores*. Il est vrai que la loi Apuléia avait modifié cette position au profit des *sponsores* ou *fidepromissores*, en les regardant comme associés et en donnant à celui qui avait payé au-delà de sa part un recours contre les autres par l'action *pro socio*; mais nous ne trouvons rien de semblable pour les fidéjusseurs : celui d'entre eux qui avait payé toute la dette ne pouvait exercer aucun recours contre ses cofidéjusseurs et supportait seul toute la perte, si le débiteur pour qui il avait payé était insolvable (*Inst.*, *de fidej.*, § 4). Sans doute le créancier, s'il le voulait, pouvait diviser son action et ne demander à chacun qu'une partie de la dette ; mais cela dépendait uniquement de sa volonté, ce n'était pas une garantie pour les fidéjusseurs. Les choses restèrent dans cet état jusqu'à Adrien. Cet empereur vint au secours des *adpromissores* en permettant à celui d'entre eux qui était actionné pour le tout d'exiger que le créancier divisât son action entre tous ceux qui étaient solvables lors de la *litis contestatio* (*Inst.*, *de fidej.*, § 4).

Le bénéfice de division a le double avantage d'être

très-utile au fidéjusseur sans être trop préjudiciable au créancier. Il permet au fidéjusseur de ne payer que sa part virile dans la dette, tandis que dans la rigueur du droit il devrait payer la totalité et n'aurait aucun recours contre ses cofidéjusseurs pour leur faire supporter leur part dans cette dette. Le bénéfice de cession d'actions avait paré à ce dernier inconvénient; mais, pour l'invoquer, le fidéjusseur était obligé de payer toute la dette, c'est-à-dire d'avancer la part des autres fidéjusseurs : cette obligation était très-lourde et pouvait empêcher l'exercice du bénéfice de cession d'actions, car, ainsi que le remarque très-bien la loi 10 *pr.*, *De fidej.*, D., on peut n'avoir pas sous la main les fonds nécessaires pour payer toute la somme due.

D'un autre côté, le bénéfice de division n'a pas pour le créancier d'inconvénients bien graves, car la division n'ayant lieu qu'entre les cofidéjusseurs solvables, le créancier obtiendra toujours la totalité de ce qui lui est dû, il est vrai que pour arriver au payement intégral il sera obligé de faire plusieurs poursuites; mais cet inconvénient pour les créanciers n'est rien, comparé à celui qu'il y aurait pour le fidéjusseur à voir mettre toute la dette à sa charge quand ses cofidéjusseurs sont solvables.

Les fidéjusseurs qui veulent user du bénéfice de division doivent l'invoquer, entre eux la division n'a pas lieu de plein droit : « Inter fidejussores non ipso jure dividitur obligatio ex epistola Divi Hadriani, » nous dit Gaïus dans la loi 26, *De fidej.*, D. Ainsi, même après le rescrit d'Adrien, les fidéjusseurs sont tenus *in solidum*, le créancier peut poursuivre l'un d'eux pour le tout, et, en procédant ainsi, il ne commet pas de *plus petitio*; seulement celui qui est ainsi poursuivi *in solidum* peut se défendre en invoquant le rescrit d'Adrien ; mais, faute par lui de le faire, il est condamné pour le tout, et, quand il a payé le tout, comme en définitive il n'a payé que ce qu'il devait, il n'a pas d'action en répétition contre le créancier. C'est là une grande différence entre le bénéfice de division établi par Adrien et celui de la loi Furia.

Cette nécessité pour le fidéjusseur de demander la division, cette impossibilité pour lui de répéter quand il a payé plus que sa part, constituent aussi de graves différences entre le bénéfice de division dont nous nous occupons maintenant et la division qui avait lieu de plein droit d'après la loi des Douze Tables entre les divers cohéritiers d'un même débiteur. Papinien, dans la loi 49, § 1er, *De fidej.*, D., 46, 1, montre bien cette différence dans une hypothèse où il applique, en les combinant, les principes du bénéfice de division entre fidéjusseurs, et ceux de la division qui avait lieu de plein droit d'après la loi des Douze Tables entre cohéritiers d'un même débiteur.

Dans cette loi 49, § 1, Papinien examine deux hypothèses : nous ne nous occuperons que de la seconde qui seule a trait au bénéfice de division. Voici cette hypothèse : Papinien suppose que le créancier a reçu deux fidéjusseurs, *Primus et Secundus ; Primus* meurt laissant deux héritiers pour parts égales : d'après la loi des Douze Tables, les obligations se divisent de plein droit entre les héritiers proportionnellement à leurs parts héréditaires, par suite chacun des héritiers dans l'espèce ne doit que 10 ; mais l'un d'eux paye toute la somme due, c'est-à-dire 20 ; il paye 10 en sus de ce qu'il devait, et, pour répéter ces 10 il aura la *condictio indebiti* contre le créancier. Jusque-là pas de difficultés ; mais voici la question que se pose Papinien : l'héritier qui a payé 20 pourra se faire restituer les 10 qu'il ne devait pas *ipso jure*, et pour cela il a la *condictio indebiti* ; pourra-t-il en outre, si le fidéjusseur survivant est solvable, se faire encore restituer 5 par le créancier? On pourrait le croire en faisant le raisonnement suivant : les héritiers ont succédé au bénéfice de division qu'avait leur auteur (loi 27, § 3, *De fidej.*, D., 46, 1); cela étant, l'héritier qui a payé toute la somme due aurait pu, s'il avait été poursuivi par le créancier, non-seulement se dispenser de payer les 10 qu'il ne devait pas *ipso jure*, mais encore pour les autres 10 qui restent à sa charge invoquer le rescrit d'Adrien, et demander la division entre lui et le fidéjusseur survivant, *Secundus*, de sorte qu'il n'aurait payé que 5 ; il a donc payé indûment les 5 qu'il aurait pu *exceptionis ope* se dispenser de payer et doit avoir pour les répéter la *condictio indebiti*. Mais ce n'est là qu'une raison de douter, et Papinien ne s'y arrête pas, car si *exceptionis ope* l'héritier aurait pu ne payer que 5, *ipso jure* il n'en devait pas moins 10 : il n'a donc pas payé indûment ces 10, et ne peut avoir à cet égard aucune *condictio indebiti :* « Sed verior et utilior est illa sententia solutionem non indebitæ quantitatis non debere revocari; quod etiam epistola Divi Pii significatur in persona fidejussoris qui totum exsolverat » (L. 49, § 1, *De fidej.*, D., 46. 1).

Nous allons examiner successivement les six points suivants :

1° Quels sont les fidéjusseurs qui ont le bénéfice de division ?

2° Quels sont les fidéjusseurs qui, par exception, sont privés de ce bénéfice ?

3° Entre quelles personnes la division se fera-t-elle ?

4° A quel moment le bénéfice de division doit-il être invoqué ?

5° Quels en sont les effets ?

6° Enfin, nous comparerons le bénéfice de division avec celui de la loi Furia.

§ 1ᵉʳ — *Quels fidéjusseurs ont le bénéfice de division ?*

En principe, tous les fidéjusseurs qui se sont obligés chacun pour la totalité de la dette et pour le même débiteur peuvent invoquer le bénéfice de division.

Il faut donc deux conditions :

1° Que les fidéjusseurs se soient obligés chacun pour le tout ;

2° Qu'ils se soient obligés pour le même débiteur.

Reprenons en particulier chacune de ces conditions.

Première condition. — Il faut que les fidéjusseurs se soient obligés chacun pour le tout : c'est ce que dit la loi 51, *pr. de fidej.*, D. « *Inter eos fidejussores actio dividenda est, qui solidum et partes viriles fide sua esse jusserunt.* » C'est en effet seulement lorsqu'ils ont promis chacun *solidum et viriles partes*, ou, comme on dirait chez nous : *Chacun pour soi, et un seul pour le tout,* qu'ils ont besoin de recourir au bénéfice de division ; car, si dès le principe, ils ne se sont obligés chacun que pour sa part, ils n'ont pas besoin d'invoquer le rescrit d'Adrien ; ils ont eux-mêmes suffisamment pourvu à leurs intérêts par la manière dont ils ont contracté leur engagement.

La suite de ce *principium* prévoit une autre hypothèse :
« Diversum erit verbis ita conceptis : *solidum aut partem virilem fide tua esse jubes?* tunc enim ab initio non nisi viriles partes singulos debere conveniet. » La première partie du texte nous avait indiqué une hypothèse où le bénéfice de division était nécessaire ; ici Papinien nous en indique une où il ne l'est plus ; les fidéjusseurs ont répondu à une stipulation conçue en ces termes : *solidum aut virilem partem fide tua esse jubes ?* Or, il est de principe que dans les stipulations où se trouve ainsi la disjonctive *ou,* on interprète en faveur du débiteur, on ne considère que l'obligation la moins onéreuse pour lui ; cela étant, les fidéjusseurs ne se sont obligés chacun que pour sa part ; par suite il n'y a pas lieu d'appliquer le rescrit d'Adrien ; ici encore les fidéjusseurs ont eux-mêmes veillé à leurs intérêts.

La deuxième condition est que les fidéjusseurs soient intervenus pour le même débiteur. C'est la décision donnée par Papinien dans la même loi 51, au § 2 : « Duo rei promittendi separatim fidejussores dederunt ; invitus creditor inter omnes fidejussores actiones dividere non cogitur, sed inter eos duntaxat, qui pro singulis intervenerunt. » Plusieurs *rei promittendi* se sont obligés envers un créancier et lui ont donné plusieurs fidéjusseurs ; Papinien se demande si ces fidéjusseurs peuvent invoquer le bénéfice de division, comme ils le pourraient s'il n'y avait qu'un débiteur principal. Il faut faire une distinction : si les *duo rei promittendi* ont donné chacun un fidéjusseur, le débiteur Primus a donné pour fidéjusseur Titius, le débiteur Secundus a donné pour fidéjusseur Sempronius ; l'un de ces fidéjusseurs, s'il était actionné, ne pourrait pas demander la division avec l'autre : ainsi Titius, fidéjusseur de Primus, ne pourra pas demander la division entre Sempronius fidéjusseur de Secundus et lui, pas plus que Sempronius ne pourrait demander la division entre lui et Titius ; car ici chaque débiteur n'a donné qu'un fidéjusseur, et il ne peut pas être question du bénéfice de division là où il n'y a qu'un fidéjusseur.

Il n'en pourrait pas être question non plus, et par le même motif, dans l'hypothèse prévue par la loi 43, *De fidej.* (D., 46, 1). Voici ce que suppose cette loi : Je stipule de Titius et vous vous portez fidéjusseur, ensuite je stipule la même somme de Sempronius et une autre personne, Mœvius cautionne Sempronius, vous ne pouvez pas demander la division de mon action entre vous et Mœvius, fidéjusseur de Sempronius, car vous n'êtes pas fidéjusseur du même débiteur ; ici il y a même un motif de plus pour repousser le bénéfice de division : c'est que les fidéjusseurs sont intervenus pour cautionner des dettes différentes, *diversarum stipulationum fidejussores sunt.*

Si, au contraire, l'un des *duo rei*, Primus, par exemple, avait donné plusieurs fidéjusseurs, Titius et Mœvius ; l'un d'eux, Titius, pourrait très-bien demander la division entre lui et Mœvius, mais il ne pourrait pas demander la division avec Sempronius, fidéjusseur du débiteur Secundus ; Sempronius n'est pas fidéjusseur du même débiteur que Titius.

Papinien ajoute, dans le § 2 de la loi 51, que, dans le cas prévu par ce paragraphe, c'est-à-dire dans le cas où chacun des *rei promittendi* a donné un fidéjusseur unique, le créancier peut, s'il le veut, diviser son action entre les fidéjusseurs, de même qu'il pourrait la diviser entre les débiteurs. Cela ne peut faire aucune difficulté.

Il faut que les cofidéjusseurs soient intervenus pour le même débiteur ; c'est encore à cet ordre d'idées que se réfère la loi 27, § 4, *De fidej*. (D., 46, 1) ainsi conçue : « Si fidejussor fuerit principalis et fidejussor fidejussoris, non poterit desiderare fidejussor ut inter se et eum fidejussorem pro quo fidejussit, dividatur obligatio. » Cette loi prévoit l'hypothèse suivante : Il y a un débiteur principal et un fidéjusseur Primus, ce fidéjusseur a lui-même donné un fidéjusseur Secundus, c'est-à-dire un certificateur ; on se demande si le certificateur va pouvoir réclamer la division entre lui et le fidéjusseur Primus qu'il a cautionné. Le jurisconsulte Ulpien répond négativement, et le motif qu'il donne est que le fidéjusseur cautionné est lui-même un débiteur principal vis-à-vis du fidéjusseur qu'il a donné, et que la division ne s'opère pas entre le débiteur et son fidéjusseur : *Ille enim loco rei est, nec potest reus desiderare ut inter se et fidejussorem dividatur obligatio.*

Observons ici qu'Ulpien, après avoir dit que le certificateur ne peut pas demander la division de l'obligation entre lui et le fidéjusseur qu'il a cautionné, voulant donner le motif de cette décision, suppose non plus que c'est le certificateur qui demande la division, mais le fidéjusseur cautionné, c'est-à-dire le *reus,* par rapport au certificateur ; mais cela n'a pas d'influence sur la décision : cequ'il y a d'important dans le motif donné par Ulpien, ce sont les mots *ille enim loco rei est.*

Ulpien, dans le même § 4 de la loi 27, prévoit une autre hypothèse : « Proinde si ex duobus fidejussoribus alter fidejussorem dederit, adversus eum quidem non dividitur

obligatio, pro quo intervenit, adversus confidejussorem
magis est, ut dividatur. » Faisons l'hypothèse : Il y a un
débiteur principal, Sempronius ; deux fidéjusseurs, Primus et Secundus ; et l'un de ces fidéjusseurs, Primus, est
lui-même cautionné par Tertius ; le créancier poursuit
ce certificateur Tertius ; entre qui la division se fera-
t-elle? Ulpien répond que le certificateur ne pourra pas
demander que le créancier divise son action entre lui et
le fidéjusseur qu'il a cautionné, et cela par application
de ce qui est dit dans la première partie du § 4, savoir que
la division n'a pas lieu entre le fidéjusseur et le débiteur
principal, et ici Primus est débiteur principal vis-à-vis de
Tertius ; mais Tertius pourra demander la division entre
lui et Secundus, le cofidéjusseur du fidéjusseur qu'il a
certifié ; car le fidéjusseur peut invoquer les mêmes exceptions que le débiteur qu'il a cautionné, et Primus,
fidéjusseur qu'il a cautionné, aurait pu demander la division avec son cofidéjusseur Secundus.

Bien entendu, si un fidéjusseur a donné lui-même plusieurs certificateurs, la constitution d'Adrien sera applicable à ces certificateurs, c'est-à-dire qu'ils pourront obtenir
la division de l'action entre eux (L. 27, § 1, *De fid.*, D., 46, 1).

§ 2. — *Quels sont les fidéjusseurs qui, par exception, n'ont pas le bénéfice de division.*

Les textes que nous venons d'examiner prouvent que
les fidéjusseurs ont, en principe, le bénéfice de division,
lorsqu'ils se sont obligés *in solidum* pour le même débiteur et pour la même dette ; mais cette règle souffre des
exceptions que nous allons immédiatement examiner.

Et, d'abord, n'ont pas le bénéfice de division les fidéjusseurs qui, réunissant d'ailleurs les conditions requises pour pouvoir l'invoquer, ont commencé par nier de mauvaise foi leur qualité de fidéjusseurs. *Ita demum inter fidejussores dividitur actio si non infitientur ; nam infitiantibus auxilium divisionis non est indulgendum* (L. 10, § 1, *De fidej.*, D., 46, 1). Cette déchéance est une peine attachée à l'*infitiatio :* elle n'a rien que de raisonnable ; le bénéfice de division est une disposition toute de faveur, et l'on conçoit très-bien que l'on en prive ceux qui, par leur mauvaise foi, se sont rendus indignes de protection ; c'est, du reste, un moyen de diminuer le nombre des procès ; le fidéjusseur hésitera à s'engager dans une contestation qui lui fera perdre le droit d'invoquer le rescrit d'Adrien.

Mais, si le fidéjusseur reconnaît sa qualité de fidéjusseur, quelle est la nécessité de renvoyer devant un juge ? La réponse est simple : de ce que le fidéjusseur ne conteste pas sa qualité, il ne s'ensuit pas qu'il soit d'accord avec le créancier sur tous les points, par exemple, sur le montant de la dette. Pour trancher les difficultés qui peuvent s'élever à cet égard, il est nécessaire de renvoyer devant un juge.

En second lieu, sont également privés du bénéfice de division les fidéjusseurs des tuteurs. Cette dérogation à la règle générale est indiquée dans la loi 12, *Rem pupilli salvam fore* (D., 46, 6). Papinien, dans cette loi, après avoir parlé du bénéfice de cession d'actions, rappelle le principe que les fidéjusseurs obligés *in solidum* peuvent obtenir la division de l'action entre eux ; puis il ajoute que cette règle reçoit exception dans le cas où c'est un pupille qui agit contre un des fidéjusseurs de son tuteur, et voici le motif qu'il en donne : « Pupillo vero agente, qui non ipse contraxit, sed in tutorem incidit et ignorat omnia, beneficium dividendæ actionis injuriam habere visum est, ne ex una tutelæ causa plures ac variæ quæstiones apud diversos judices constituerentur. »

Il ne faut cependant pas croire que les fidéjusseurs d'un tuteur ne pourront jamais invoquer le bénéfice de division. La loi 7, *De fidej. et nomin.* (D., **27**, **7**), nous indique un cas où ils auront ce bénéfice. Des fidéjusseurs ont donné la caution *rem salvam fore pupillo* : l'ex-pupille se dispose à les poursuivre ; pour échapper momentanément au moins à la poursuite qui les menace, ils donnent mandat au créancier de s'adresser d'abord au tuteur et, pour le cas où celui-ci serait insolvable, promettent à l'ex-pupille, *quod ab eo servari non potuisset.* L'ex-pupille, en vertu de ce mandat, va discuter l'ex-tuteur débiteur, ne peut pas se faire payer intégralement et revient contre les fidéjusseurs ; ceux-ci peuvent-ils alors invoquer le bénéfice de division ? Oui, répond Papinien ; et, en effet, l'ex-pupille a reçu des fidéjusseurs mandat de poursuivre le débiteur : il a accepté ce mandat, il a stipulé d'eux *quod ab eo servari non potuisset,* ils ne sont plus les fidéjusseurs d'un tuteur, il y a eu une sorte de novation *post pubertatem facta,* et par suite ils cessent d'être exclus du bénéfice de division.

On est bien d'accord sur ce point, le texte est formel : *Placuit inter eos qui solvendo essent actionem residui dividi ;* mais Papinien ajoute : *Quod onus fidejussorum susceptum videretur,* et on se divise sur l'interprétation de ces mots. Dans une première explication, qui paraît la plus naturelle, on entend cette petite phrase de la manière suivante : « Parce que les deux garants sont censés avoir pris le rôle de fidéjusseurs ordinaires. » Cujas et Pothier l'entendent autrement ; ils l'interprètent en ce sens que le pupille aurait pris pour son compte une charge qui pesait sur les fidéjusseurs. Suivant Cujas, l'insolvabilité de l'un de ces fidéjusseurs, survenue après la *litis contestatio,* serait à la charge du créancier et non pas de son cofidéjusseur, ce qui est une conséquence du bénéfice de division. Suivant Pothier, cette charge est la poursuite à diriger contre le tuteur : s'il n'y avait pas eu de convention spéciale entre l'ex-pupille et les fidéjusseurs, ceux-ci auraient dû payer, sauf à se faire rembourser par le tuteur ; le pupille s'est chargé, en vertu de l'arrangement qu'il a pris avec les fidéjusseurs, d'agir contre le tuteur. Du reste, quelle que soit l'interprétation que l'on adopte, cela ne change en rien la solution : les fidéjusseurs, dans l'espèce, ont le bénéfice de division.

Nous pouvons ajouter que, pour invoquer le bénéfice de division, il faut n'y avoir pas renoncé, et la renonciation est soit expresse, soit tacite.

Quant à la renonciation expresse, aucun texte ne la permet formellement ; mais on doit nécessairement l'admettre ; car, s'il est certain, comme nous le verrons tout à l'heure, que le fidéjusseur peut renoncer tacitement au bénéfice de division, pourquoi ne le pourrait-il pas expressément ? D'ailleurs, la loi 29, C., *De pactis,* 2, 3, pose la règle suivante : *Pacta conventa quæ neque contra leges, neque dolo malo inita sunt, omnimodo observanda sunt ;* et plus loin cette même loi dit : *Regula est juris antiqui, omnes licentiam habere his quæ pro se introducta sunt, renuntiare.* Le bénéfice de division a été introduit en faveur des fidéjusseurs, aucune loi ne leur défend d'y renoncer expressément ; ils peuvent donc faire cette renonciation (lois 7, § 14 et 46, *De pactis*, D., 2, 14).

La renonciation au bénéfice de division peut être tacite, et le fidéjusseur renonce tacitement à ce bénéfice lorsque, pouvant demander la division, il ne l'invoque pas et paye la totalité de la dette. Dans ce cas, il ne peut pas répéter (loi 49, § 1, *in fine De fidej.*, D., 46, 1 ; *Inst. De fidej.*, *in fine*, § 4, 3, 20.)

Si le payement était une renonciation tacite au bénéfice de division, il n'en était pas de même de la circonstance que les fidéjusseurs s'étaient obligés *in solidum,* ainsi que le disent les empereurs Sévère et Antonin dans la loi 3, C., *De fidej.* Les empereurs commencent par rappeler au créancier que les fidéjusseurs (il y en avait deux dans l'espèce) peuvent invoquer le rescrit d'Adrien, et, comme pour écarter le bénéfice de division, le créancier alléguait que, dans l'obligation, il avait été convenu que chacun des fidéjusseurs serait tenu *in solidum;* les empereurs répondent que cette clause n'est pas une renonciation au bénéfice de division (*nihil hœc res mutat conditionem juris et constitutionem*), et le motif qu'ils en donnent, c'est que, si on n'avait pas fait cette clause spéciale, chacun n'en serait pas moins tenu pour le tout, et que l'obligation se diviserait entre eux pour leurs parts viriles s'ils étaient solvables : « Nam et quum hoc non adjiciatur, singuli tamen in solidum tenentur, sed ubi sunt omnes idonei, in portionem obligatio dividitur. »

Enfin, rappelons-nous ce que nous avons vu sur la loi 15, § 1 *De fidej.*, D. Le créancier, qui avait deux fidéjusseurs, a fait avec l'un d'eux un pacte *de non petendo,*

il n'en conserve pas moins le droit de demander à l'autre
la totalité de la somme due, de sorte que, par ce pacte, il
aura privé le fidéjusseur non libéré tout à la fois du bénéfice de cession d'actions et du bénéfice de division.
La loi 15, § 1, s'exprime, en effet, de la manière la plus
générale ; elle dit que le créancier, demandant toute la
somme due au fidéjusseur avec lequel il n'a pas fait de
pacte, ne sera repoussé par aucune exception, et cela
s'applique aussi bien à l'exception qui naîtrait du bénéfice de division qu'à l'exception au moyen de laquelle
s'oppose le bénéfice de cession d'actions.

§ 3. — *Entre quels fidéjusseurs s'opère la division.*

Nous connaissons les fidéjusseurs qui peuvent, en pri-
cipe, invoquer la division et ceux qui, par exception, ne
le peuvent pas ; recherchons maintenant entre quelles
personnes se fera cette division.

Un point constant, c'est qu'elle ne pourra jamais avoir
lieu qu'entre les personnes qui auraient elles-mêmes le
droit de la demander, c'est-à-dire entre les fidéjusseurs
obligés pour le tout, pour le même débiteur et pour la
même dette (loi 51, pr. et § 1; loi 43; loi 27, §§ 1 et 4 *De
fidej.*, D.). Mais le créancier sera-t-il obligé de diviser son
action entre toutes ces personnes indistinctement? Non;
la loi a veillé à ses intérêts, elle n'a pas voulu qu'une disposition introduite par un motif d'équité devînt une in-
justice en empêchant le créancier de recevoir ce qui lui
était dû. Aussi ne l'oblige-t-elle à diviser ses poursuites
qu'entre les cofidéjusseurs solvables : « Si quis eorum
ante exactam a se partem sine herede decesserit, vel ad

inopiam pervenerit, pars ejus ad cæterorum onus respicit
(loi 26 *De fidej.*, D.).» Ainsi, lorsqu'un fidéjusseur est insolvable, il est traité, au point de vue de la division, comme
s'il n'était jamais intervenu; sa part tombe à la charge de
ses cofidéjusseurs. Cette impossibilité, pour le fidéjusseur
poursuivi, de demander la division avec ceux de ses cofidéjusseurs qui ne seraient pas solvables, constitue une
grande différence entre le bénéfice établi par le rescrit
d'Adrien et celui de la loi Furia. Quand il s'agit du bénéfice
de division lors même qu'il n'y aurait qu'un seul fidéjusseur solvable, le créancier n'en obtiendrait pas moins son
payement intégral; quand, au contraire, il s'agit du bénéfice de la loi Furia, la division a lieu de plein droit
entre tous les *sponsores* et *fidepromissores* vivant lors de
l'exigibilité, quel que soit l'état de leur fortune; si donc,
parmi eux, il y en a d'insolvables, le débiteur l'étant
aussi, le créancier ne touchera jamais la totalité de ce
qui lui est dû.

Hâtons-nous d'ajouter qu'il faut considérer comme solvable le fidéjusseur qui, ne l'étant pas lui-même, a donné
un certificateur solvable (loi 27, § 2, *De fidej.*, D., 46, 1).

La division n'a donc lieu qu'entre fidéjusseurs solvables; mais à quel moment faut-il que cette solvabilité
existe? Le § 4 *De fidej. Inst.* répond à cette question:
« Compellitur creditor a singulis qui modo solvendo sunt
litis contestatæ tempore, partes petere. » La division ne
s'opère qu'entre les fidéjusseurs solvables lors de la *litis
contestatio*.

L'application de cette règle ne donnera lieu à aucune
difficulté, quand le créancier qui poursuit *in solidum*
l'un des fidéjusseurs reconnaît *in jure* la solvabilité des

autres ; le préteur divisera alors l'action et ne donnera au créancier de formule que pour la part virile du fidéjusseur poursuivi.

Mais les choses ne se passeront pas toujours aussi simplement : lorsque le fidéjusseur poursuivi invoquera le rescrit d'Adrien, le créancier prétendra peut-être que les autres fidéjusseurs ne sont pas solvables, et qu'il n'y a pas lieu au bénéfice de division. Comment sortir d'embarras ?

Les textes nous indiquent plusieurs moyens de lever la difficulté.

La loi 10, pr., *De fidej.*, D., prévoit un de ces expédients. Voici l'espèce : Un des fidéjusseurs est poursuivi *in solidum ;* il invoque le bénéfice de division ; le créancier répond que les autres sont insolvables : que va faire le fidéjusseur poursuivi ? Il dira au créancier : « Je vous donne mandat de poursuivre, à mes risques et périls, mes cofidéjusseurs chacun pour sa part ; cette manière de procéder ne vous cause aucun préjudice, car de deux choses l'une : ou bien chacun de mes cofidéjusseurs vous payera sa part, et vous recevrez ainsi votre payement intégral ; ou bien ils ne pourront pas vous désintéresser, et alors je vous payerai leur part et les frais des poursuites que vous aurez dirigées contre eux. » Et en effet, après la discussion, le créancier, s'il n'a pas été payé intégralement, reviendra contre le fidéjusseur auquel il s'était primitivement adressé, et lui demandera la part des insolvables et le remboursement des dépenses qu'il aura dû faire pour les discuter ; mais ce fidéjusseur ne devra plus ces sommes comme fidéjusseur, car les poursuites dirigées contre les autres l'auront libéré jusqu'à concurrence de ce qui leur aura été demandé ; il les devra comme mandant et pour indemniser le créancier du préjudice causé par l'exécution du mandat. Le créancier aura donc contre lui non plus l'action *ex stipulatu,* mais l'action *mandati contraria.*

Ulpien nous dit que le créancier ne pourra pas se refuser à cet arrangement; toutefois, il y met deux conditions : la première est que les cofidéjusseurs à discuter soient présents : cela tient aux difficultés particulières que présentaient, d'après les règles de la procédure romaine, la poursuite et la discussion d'un absent. On ne veut pas exposer le créancier à trop d'embarras.

La deuxième condition est que le fidéjusseur offre au créancier des garanties suffisantes pour assurer son recours contre lui. En effet, la discussion des autres fidéjusseurs exigera un certain temps, pendant lequel celui qui a donné mandat de les poursuivre, solvable au moment où il donne ce mandat, pourra tomber en déconfiture. D'un autre côté, ce fidéjusseur peut avoir de quoi payer la dette, mais non les frais souvent considérables occasionnés par la discussion des autres : le créancier est donc exposé à des pertes contre lesquelles il faut le garantir.

La fin de notre loi 10, pr., prévoit une objection : Pourquoi, aurait-on pu dire, ce fidéjusseur ne se fait-il pas céder les actions du créancier, sauf ensuite à agir en remboursement contre ses coobligés? Le jurisconsulte répond : « Nec enim semper facilis est nominis emptio, quum numeratio totius debiti non sit in expedito. » Pour obtenir la cession des actions, il faut payer la totalité de la dette, et le fidéjusseur n'a peut-être pas à sa disposition les fonds nécessaires.

Voilà un premier moyen de sortir d'embarras ; ce n'est pas le seul, la loi 28, *De fidej.*, *D.*, nous en indique un autre. Cette loi est ainsi conçue : « Si contendat fidejussor, cæteros solvendo esse, etiam exceptionem ei dandam *si non et illi solvendo sint.* » Il y a trois fidéjusseurs : Primus, Secundus et Tertius, pour une somme de 100 ; Primus, actionné pour le tout, demande la division ; le créancier conteste la solvabilité de Secundus et de Tertius. Primus ne veut pas recourir au moyen indiqué par la loi 10, *pr.*, *De fidej.*, *D.*, ou même il ne peut pas trouver les *satisdationes* exigées par cette loi ; le préteur délivre contre lui la formule pour toute la somme, c'est-à-dire pour 100, mais en la modifiant par l'exception *nisi et illi solvendo sint.* Si le créancier prouve sa créance, et si Primus ne justifie pas son exception, le juge condamne ce fidéjusseur Primus à payer toute la somme de 100 ; si, au contraire, l'exception est justifiée, Primus, suivant le système que l'on adopte sur les effets de l'exception, sera complétement absous, ou condamné seulement pour partie.

Que faut-il décider si les fidéjusseurs avec qui la division est demandée sont, non plus insolvables, mais incapables ?

Papinien, dans la loi 48, *pr.* et § 1, *De fidej.*, *D.*, résout cette question par une distinction. Lorsque le fidéjusseur capable s'était porté caution avec une personne incapable *intercedere pro aliis,* telles qu'étaient les femmes d'après le sénatusconsulte Velleien, ce fidéjusseur capable ne pouvait pas demander la division, car il devait savoir, ou il y avait de sa part erreur grossière à ignorer qu'une femme n'a pas le droit de faire un acte d'intercession, *quum scire potuerit, aut ignorare non debuerit, mulierem frustra intercedere* (*L*. 48, *pr.*, *De fidej.*). Dans cette hypothèse, le texte ne distingue pas si le fidéjusseur capable a contracté son cautionnement avant celui de l'incapable, ou s'il l'a contracté conjointement ou depuis.

Dans le § 1 de cette loi, le jurisconsulte suppose que l'incapable est un mineur de vingt-cinq ans, et il se demande si, dans le cas où ce mineur serait restitué *in integrum*, le fidéjusseur majeur et capable devrait supporter seul tout le poids de l'obligation. Voici sa réponse et le motif qu'il en donne : « Sed ita demum alteri totum irrogandum est si postea minor intercessit, propter incertum ætatis ac restitutionis. » Le fidéjusseur capable ne pourra donc pas invoquer le bénéfice de division si le mineur est intervenu après lui.

En serait-il de même si le mineur était intervenu en même temps que le majeur? Papinien ne le dit pas ; mais il est permis de conclure *a contrario* de la loi 48, § 1, que, si l'on change ainsi les faits, le fidéjusseur majeur pourra invoquer le bénéfice de division. S'il n'en était pas ainsi, on ne comprendrait pas pourquoi le jurisconsulte eût rapporté cette circonstance qui lui paraît déterminante : *Si postea minor intercessit.*

Il n'est cependant pas certain que, même en cas de fidéjussion simultanée, le fidéjusseur capable puisse toujours invoquer le bénéfice de division. On conçoit très-bien qu'il le puisse lorsqu'il a ignoré la minorité de son coobligé, et c'est en ce sens que Papinien oppose le cofidéjusseur du mineur à celui de la femme ; le premier peut prétexter une cause d'ignorance qui ne se concevrait pas chez l'autre ; mais quand le fidéjusseur majeur a connu la minorité, je ne vois pas pourquoi il échapperait aux conséquences de la restitution, et pourquoi ces conséquences retomberaient sur le créancier. Chaque fidéjusseur s'oblige *in solidum ;* il a bien, il est vrai, le bénéfice de division, si ses cofidéjusseurs sont solvables lors de la *litis contestatio ;* mais la restitution obtenue par le mineur équivaut à une insolvabilité. Le fidéjusseur majeur, instruit de la minorité de ses coobligés, pouvait s'attendre à cette restitution aussi bien qu'à une insolvabilité ; il ne pourrait pas se plaindre si, par un pacte *de non petendo,* fait loyalement avec son cofidéjusseur, le créancier le privait du bénéfice de division (*L.* 23, *De pactis ; L.* 15, § 1, *De fidej.*), comment pourrait-il se plaindre d'une restitution à laquelle il devait s'attendre? On ne peut d'ailleurs pas dire que le créancier a consenti à prendre à sa charge les risques de la restitution en acceptant l'intercession d'un mineur; car, en exigeant un autre fidéjusseur, il a montré qu'il voulait être garanti contre la restitution et non pas se charger de ce risque.

Papinien, à la fin du texte, prévoit le cas où le mineur ne serait intervenu que par suite du dol du créancier, et dit que la restitution ne pourra préjudicier qu'au créancier; le mineur sera restitué; mais, pour le majeur, cette restitution sera considérée comme non avenue, il pourra toujours invoquer le bénéfice de division : c'est l'application de cette règle, que le dol ne doit nuire qu'à celui qui en est l'auteur. La circonstance que la fidéjussion entachée de dol émane d'un mineur n'a aucune influence sur cette dernière solution de Papinien; il faudrait décider exactement de même si c'était un majeur qui se fût porté fidéjusseur par suite des manœuvres frauduleuses du créancier.

Il faut que le fidéjusseur avec qui la division est demandée, capable sous les distinctions que nous venons d'indiquer, remplissant d'ailleurs les conditions que nous avons énumérées plus haut, soit solvable lors de la *litis contestatio*; mais cela suffit pour que le rescrit d'Adrien puisse être invoqué et la division obtenue. Ainsi un fidéjusseur pourra demander la division avec son cofidéjusseur, quelle que soit la modalité sous laquelle ce dernier s'est obligé. C'est la décision que donne Ulpien dans la loi 27, *pr.*, *De fidej.*, D., et il nous apprend que c'était aussi l'avis de Pomponius. Il suppose qu'il y a plusieurs fidéjusseurs : Primus, l'un d'eux, est obligé purement et simplement, les autres sont obligés à terme ou sous condition ; Primus, obligé purement et simplement, aura le droit, sur la poursuite du créancier, d'invoquer le bénéfice de division tant que la condition pourra se réaliser, et l'action ne sera donnée provisoirement contre lui que pour sa part, sauf au créancier à lui réclamer plus tard la part des autres si, lors de l'échéance du terme ou lors de l'événement de la condition, les fidéjusseurs obligés sous ces modalités sont insolvables.

§ 4. — *A quel moment le bénéfice de division doit-il être invoqué.*

Le bénéfice de division, nous l'avons vu, n'avait pas lieu de plein droit; il pouvait, sans aucune difficulté, être invoqué jusqu'à la *litis contestatio*, mais pouvait-il l'être après la délivrance de la formule?

Les anciens auteurs n'étaient pas d'accord sur ce point ; la plupart et les plus autorisés, notamment Doneau, Vinnius, Pothier et Bruneman, pensaient que l'on pouvait exciper de ce bénéfice jusqu'au jugement ; ils se fondaient sur la loi 10, § 1, *C.*, *De fidej.*, ainsi conçue : « Ut autem is, qui cum altero fidejussit, non solus conveniatur, sed dividatur actio inter eos, qui solvendo sunt, *ante condamnationem* ex ordine postulari solet. » Cette loi semble bien dire, en effet, qu'il suffit de demander la division avant la sentence.

Cependant cette première opinion n'était pas universellement admise ; certains jurisconsultes, parmi lesquels Pierre de Belleperche et Cynus, la repoussaient et soutenaient avec raison que le bénéfice de division devait être réclamé avant la *litis contestatio*.

La première opinion est, en effet, inconciliable avec les principes du droit romain. Il s'agit ici d'une action de droit strict, car le fidéjusseur étant obligé *ex stipulatu*, l'action du créancier contre lui est une *condictio;* or, il est de principe que, dans une action de droit strict, le juge doit rester dans les termes rigoureux de la formule délivrée par le préteur ; il n'a pas le pouvoir de décider *ex œquo et bono*. Si donc le bénéfice de division n'a pas été invoqué *in jure ;* si la formule donnée au créancier contient l'ordre de condamner le fidéjusseur *in solidum*, et n'est modifiée par aucune exception, le juge, sous peine de dépasser les pouvoirs qui lui ont été confiés, ne peut pas accorder la division. A un autre point de vue, on ne comprendrait pas comment la division serait demandée au juge, la poursuite dirigée contre l'un des fidéjusseurs libère tous les autres et le débiteur ; dès qu'il y a eu *litis contestatio*, le créancier n'a plus de droits que contre celui qu'il a poursuivi, comment dès lors pourrait-il être question de division? Ne serait-ce pas priver le créancier de la possibilité d'obtenir son payement? Ne serait-ce pas aller contre le motif d'équité qui a dicté le rescrit d'Adrien? Ajoutons que, dans le premier système, il est difficile de s'expliquer pourquoi les fidéjusseurs avec lesquels la division est demandée doivent être solvables lors de la *litis contestatio* (*Loi* 51, § 1, *De fidej., D. ; Instit., De fidej.*, § 4*), il semble que la solvabilité devrait être exigée plutôt au moment où la division est requise, ou bien au moment de la sentence.

Mais il faut répondre à la loi 10, § 1, *De fidej.*, C. La réponse est facile : chez les Romains, pour indiquer un jugement on ne se servait pas du mot *condemnatio*, mais des expressions *sententia* ou *res judicata;* le mot *condemnatio* ne saurait faire allusion au jugement. Cela posé, l'empereur Alexandre, dans cette constitution, veut dire que la division doit être demandée avant la *litis contestatio*, avant la délivrance de la formule; car, ainsi qu'est venue le démontrer la découverte des Commentaires de Gaius, la *condemnatio* est la dernière partie de la formule.

§ 5. — *Effets du bénéfice de division.*

Le bénéfice de division a été invoqué avant la *litis contestatio*, quel en sera l'effet?

La demande de division faite par le fidéjusseur

aura pour effet, nous le savons, de faire délivrer au créancier la formule contre le fidéjusseur poursuivi pour la part seulement de ce fidéjusseur, ou bien de faire délivrer cette formule contre lui pour toute la dette, mais avec l'exception *nisi et illi solvendo sint;* ce qui avait pour résultat, suivant le système que l'on adopte sur les effets des exceptions en général, soit de faire absoudre complétement le fidéjusseur poursuivi, soit de faire prononcer contre lui une condamnation pour partie seulement. Je n'insiste pas sur ces différents points et je renvoie à ce que j'ai dit plus haut à cet égard.

Nous devons seulement examiner ici une hypothèse prévue par Papinien dans la loi 51, § 1, *De fidej.*, D. Deux fidéjusseurs, Primus et Secundus, ont accédé à une dette de 30 ; Primus paye volontairement une partie de la dette, 10 par exemple, puis, bien que Secundus soit solvable, est poursuivi par le créancier pour **20**, c'est-à-dire le restant de la dette: il demande la division qui devra lui être accordée, car son cofidéjusseur est solvable, nous l'avons supposé ; mais sur quelle somme se fera la division? Faudra-t-il provisoirement ne pas tenir compte de ce qu'a payé Primus, opérer la division sur la somme primitivement due 30, ce qui mettrait 15 à la charge de chaque fidéjusseur, puis imputer sur la part de Primus les 10 qu'il a déjà payés, de sorte qu'en définitive il ne devrait plus que 5? Faudra-t-il au contraire imputer ces 10 sur la totalité de la somme primitivement due, de sorte que la dette ne serait plus que de 20 à la charge de l'un et de l'autre fidéjusseur, et que la division s'opérant sur ces **20** qui restent dus, Primus devrait encore payer 10?

Papinien décide qu'il faut faire la division sur la somme due lors de la *litis contestatio,* c'est-à-dire 20, de sorte que Primus devrait encore 10, et qu'en somme il aurait payé 20 sur la dette, tandis que son cofidé-jusseur n'aurait payé que 10. Voici le motif que donne Papinien à l'appui de sa décision : *eam enim quanti-tatem inter eos, qui solvendo sunt, dividi convenit, quam litis tempore singuli debent.* Cette décision, conforme à la rigueur du droit, n'était pas suivie dans la pratique ; on avait trouvé plus équitable d'imputer sur la part de ce cofidéjusseur Primus la somme par lui payée, de sorte qu'il ne devrait plus que 5, c'est-à-dire le complément de la moitié de la dette primitive, et que son cofidéjus-seur Secundus devrait encore 15, c'est-à-dire l'autre moitié de cette même dette primitive : « Sed humanius est, si et alter solvendo sit litis contestationis tempore per exceptionem ei, qui solvit, succurri. » Le moyen qu'avait Primus pour arriver à ce résultat était l'exception *doli mali :* il y avait dol de la part du créancier à refuser de s'adresser à l'autre fidéjusseur.

Examinons maintenant quels sont les effets de la divi-sion quand il y a des cofidéjusseurs insolvables ; ces in-solvabilités tombent-elles à la charge des autres fidéjus-seurs ou du créancier?

Il faut distinguer à cet égard si les insolvabilités sont antérieures ou postérieures à la *litis contestatio.*

Les insolvabilités postérieures à la *litis contestatio* sont toujours à la charge du créancier, ainsi que le prouvent les lois 51, § 4, *De fidej.,* D., et 52, § 1, *De fidej.,* D.. La loi 51 § 4 suppose que tous les fidéjusseurs étant sol-vables lors de la *litis contestatio,* la division a été demandée et opérée, puis, après la *litis contestatio*, l'un des fidéjusseurs devient insolvable ; Papinien décide que les conséquences de cette insolvabilité retombent sur le créancier, lors même qu'il serait mineur de vingt-cinq ans, et il ajoute que, dans ce cas, le mineur ne pourrait pas se faire restituer *in integrum*, car il ne peut pas se dire lésé, puisqu'il a usé du droit commun.

La loi **52**, § 1, *De fidej.*, D., a encore pour objet une hypothèse analogue. L'action a été divisée entre les fidéjusseurs: ils étaient tous solvables, l'un d'eux devient insolvable après sa condamnation, par conséqnent après la *litis contestatio*. Papinien nous dit que la perte ne retombe pas sur les cofidéjusseurs solvables, mais sur le pupille ; seulement, s'il y avait mauvaise foi ou négligence de la part des tuteurs qui, pouvant réclamer l'exécution de la condamnation, ne l'ont pas fait, l'insolvabilité retombera à la charge de ces tuteurs tenus à raison de leur faute de l'action *tutelæ directa*.

Quant aux insolvabilités antérieures à la *litis contestatio*, il faut distinguer et voir si le créancier est forcé par les fidéjusseurs de diviser son action entre eux, ou si au contraire il fait volontairement cette division.

Quand le créancier est forcé de diviser son action parce que le fidéjusseur poursuivi *in solidum* lui oppose le rescrit d'Adrien, les insolvabilités antérieures à la *litis contestatio* sont à la charge des cofidéjusseurs, car le créancier n'est forcé de faire la division qu'entre les cofidéjusseurs solvables ; on calcule la part de chacun comme si ceux qui sont insolvables ne s'étaient pas obligés: « Ex epistola divi Hadriani, dit le § 4 *De fidej.*, Inst., compellitur creditor a singulis, qui modo solvendo sunt litis contestatæ tempore, partes petere. » (*V. Loi* 51, § 1, *De fidej. D.*, etc..)

Si le créancier a divisé volontairement son action c'est lui qui supporte toutes les insolvabilités des fidéjusseurs, soit antérieures, soit postérieures à la *litis contestatio;* c'est ce que nous dit la loi 16 *De fidej.*, C. Avant la *litis contestatio* contre tous les fidéjusseurs, le créancier était libre de s'adresser à un seul d'entre eux pour le tout s'il n'avait pas confiance dans la solvabilité des autres : mais, après la *litis contestatio,* s'il se trouve que la division par lui opérée lui cause un préjudice, il ne peut pas se faire restituer. Cela se conçoit : il y a eu *litis contestatio,* le droit du créancier a été déduit *in judicium,* il ne peut pas se faire délivrer une autre formule; d'ailleurs, il ne peut pas se plaindre, il avait le droit de demander le tout à l'un ; pourquoi n'a-t-il pas usé de ce droit?

Cette règle que le créancier ne pouvait pas se faire restituer contre la division quand elle avait eu lieu entre fidéjusseurs insolvables, recevait cependant exception dans le cas où le créancier était un pupille; c'est la décision qui se trouve dans la loi 52, § 1, *De fidej.,D.*, *in fine.* « Quod si divisam actionem inter eos qui non erant solvendo, constabit, pupilli nomine restitutionis auxilium implorabitur. » Cette exception confirme la règle, car, si la restitution avait été de droit commun, Papinien n'aurait pas pris la peine de dire qu'elle avait lieu dans le cas particulier où le créancier était un pupille.

§6. — *Comparaison du bénéfice de division introduit par Adrien avec le bénéfice de la loi Furia.*

Maintenant que nous connaissons les règles du bénéfice de division, nous pouvons le comparer avec celui de la loi Furia.

Ces deux bénéfices avaient de l'analogie ; dans l'un comme dans l'autre il y avait une division opérée entre les *adpromissores*, cependant il ne faut pas les confondre ils différaient à plusieurs points de vue.

1° La loi Furia ne s'occupait que des *sponsores* et des *fidepromissores*, elle ne s'appliquait qu'à l'Italie. Le rescrit d'Adrien protégeait tous les *adpromissores* dans quelque province de l'empire qu'ils fussent intervenus.

2° D'après la loi Furia, la division s'opérait *ipso jure* ; les *sponsores* et *fidepromissores* n'avaient pas besoin de la requérir ; le créancier compromettait son droit en demandant à l'un la totalité de la dette, il commettait une *plus-petitio*. Le *sponsor* qui avait payé plus que sa part ayant payé ce qu'il ne devait pas, pouvait recourir contre le créancier et avait pour assurer son recours la voie rigoureuse de la *manus injectio* (Gaïus, *Com.* IV, § 22).

Lorsqu'il s'agissait de ces *adpromissores* dont le droit se bornait à invoquer le rescrit d'Adrien, le créancier avait le droit de poursuivre un seul d'entre eux pour le tout, et, en procédant ainsi, il ne tombait pas dans la *plus-petitio ;* seulement, l'*adpromissor* poursuivi avait la faculté de demander à ne payer que sa part virile, si ses cofidéjusseurs étaient solvables ; mais, faute par lui de requérir la division, il était condamné *in solidum,* et si sans aucune poursuite il payait la totalité au créancier, il n'avait pas de répétition, car il n'avait payé que ce qu'il devait.

3° La division établie par la loi Furia se faisait entre tous les *sponsores* solvables ou non vivants lors de l'échéance de la dette (1); si donc parmi eux il y en avait d'insolvables, le débiteur n'étant lui-même pas solvable, le créancier n'obtenait jamais son payement intégral, l'insolvabilité des *sponsores* retombait sur le créancier et non sur les autres *sponsores*.

D'après le rescrit d'Adrien, au contraire, la division s'opérait, non plus entre les fidéjusseurs existant lors de l'exigibilité (2), mais entre les fidéjusseurs solvables lors de la *litis contestatio*, de sorte que, malgré l'insolvabilité de quelques-uns d'entre eux le créancier pouvait obtenir son payement intégral ; l'insolvabilité retombait ici sur les cofidéjusseurs et non sur le créancier.

Ces deux derniers caractères du bénéfice de division sont indiqués dans la loi 26 *De fidej.*, D., de Gaïus, empruntée à un passage où ce jurisconsulte comparait probablement la loi Furia et le rescrit d'Adrien, les compilateurs des Pandectes ont fait disparaître ce qui concernait la loi Furia, tombée en désuétude par la disparition des *sponsores* et des *fidepromissores* ; ils n'ont conservé que ce qui avait trait au rescrit d'Adrien. Voici ce fragment : « Inter fidejussores non ipso jure dividitur obligatio ex epistola divi Hadriani ; et ideo si quis eorum ante

---

(1) Ils devaient survivre à l'échéance, car l'obligation des sponsores et des fidepromissores ne passait pas à leurs héritiers.

(2) L'obligation des fidéjusseurs se transmettait à leurs héritiers.

exactam a se partem sine herede decesserit, vel ad inopiam pervenerit, pars ejus ad cæterorum onus respicit. »

SECTION II.

Bénéfice de division accordé aux mandatores
pecuniæ credendæ.

Jusqu'ici nous n'avons parlé que des *adpromissores ;*
mais nous savous que l'on pouvait cautionner une dette
en se portant *mandator pecuniæ credendæ*, ou en faisant
le pacte de constitut pour la dette d'autrui ; le *mandator
pecuniæ credendæ*, le constituant avaient-ils le bénéfice
de division? Ils méritaient la même protection que les
adpromissores, car, eux aussi, ils accédaient à la dette
d'autrui et chacun d'eux pouvait être poursuivi pour le
tout. Aussi le bénéfice de division leur avait-il été accordé,
les textes le prouvent.

Voyons d'abord ce qui concerne les comandans.

Lorsque plusieurs personnes avaient donné au créancier mandat de prêter de l'argent à un tiers, le créancier
pouvait poursuivre chacun des *mandatores* pour le tout :
c'était l'application des règles ordinaires en matière de
mandat : « Paulus respondit, unum ex mandatoribus in
solidum eligi posse, etiamsi non sit concessum in mandato. » Loi 59, § 3, *Mandati*, D. (17-1); mais ce droit rigoureux avait été tempéré par la concession qui leur avait
été faite du bénéfice de division. La loi 3, C., *de constituta
pecunia* (4-18) nous dit formellement que les comandans
pouvaient invoquer le rescrit d'Adrien : « Divi Hadriani
epistolam, quæ de periculo dividendo inter *mandatores*

et fidejussores loquitur, locum habere in his etiam qui pecunias pro aliis simul constituunt necessarium est. » Cette même idée est proclamée incidemment dans la loi 7, *De fidej. et nomin.*, D., 27-7 : « Nam et si mandato plurium pecunia credatur æque dividitur actio ; si enim, quod datum pro alio, solvitur, cur species actionis æquitatem divisionis excludit? »

On peut remarquer sur ces deux textes que le premier suppose que dans son rescrit Adrien avait mentionné formellement les *mandatores*, tandis que Papinien montre, par la manière dont il s'exprime dans la loi 7, *De fidej. et nomin.*, que le rescrit d'Adrien ne conférait pas expressément le bénéfice de division aux *mandatores* et que les jurisconsultes avaient dû par voie d'interprétation, venir à leur secours. Dans cette loi, il s'agit de fidéjusseurs qui avaient donné la caution *rem salvam fore pupillo*, comme tels ils n'avaient pas le bénéfice de division. Menacés de poursuites par l'ex-pupille, ils lui donnent mandat de s'adresser d'abord au débiteur, et lui promettent pour le cas où ce débiteur serait insolvable de payer le déficit ; l'ex-pupille discute le tuteur, ne peut pas se faire désintéresser et demande aux fidéjusseurs *quod ab eo servari non potuisset :* ceux-ci peuvent-ils invoquer le bénéfice de division ? Papinien répond affirmativement, et il argumente par analogie de ce qui se passe pour les *mandatores pecuniæ credendæ.* Si entre les *mandatores pecuniæ credendæ*, dit-il, on doit équitablement admettre le bénéfice de division, pourquoi ne l'admettrait-on pas dans notre espèce, où il s'agit non plus de personnes qui ont donné mandat de prêter de l'argent à un tiers, mais de personnes qui ont donné au créancier mandat d'exercer une action qui va lui faire perdre le droit qu'il avait primitivement contre elles-mêmes? Au fond, la situation est la même, et la circonstance que les fidéjusseurs sont tenus d'une *condictio* ne doit pas leur faire refuser le bénéfice accordé aux *mandatores*. Mais; et c'est là le point important dans la question qui nous occupe, Papinien parlant du bénéfice de division accordé aux *mandatores pecuniæ credendæ* ne dit pas qu'ils peuvent demander la division d'après le rescrit d'Adrien, ce qu'il n'eût pas manqué de faire si cet empereur leur eût formellement concédé ce bénéfice; il dit que l'action est divisée entre eux par des considérations d'équité : ce qui prouve que les jurisconsultes avaient dû chercher le moyen d'étendre aux *mandatores* un bénéfice introduit en faveur d'autres personnes.

SECTION III.

Bénéfice de division accordé à ceux qui font le pacte de constitut pour la dette d'autrui.

Les constituants avaient aussi le bénéfice de division, ainsi que le prouve la loi 3, C., *De constituta pecunia* (4, 18), que nous venons de citer ; mais avant Justinien ils n'avaient pas ce bénéfice, puisque cet empereur a jugé nécessaire de faire une constitution spéciale pour le leur accorder. Cette extension du rescrit d'Adrien est fondée sur un motif d'équité : *æquitatis enim ratio diversas species actionis excludere nullo modo debet.* Cette raison est précisément celle que donne Papinien dans la loi 7 *De fidej. et nomin.*, *D.*, (27, 7), où il parle des mandatores pecuniæ credendæ : « *si enim, quod datum pro alio solvitur, cur species actionis æquitatem divisionis excludit ?* »

Avant de quitter le bénéfice de division, nous pouvons nous poser une question : ce bénéfice est-il plus avantageux pour la caution que celui de cession d'actions, ou bien la cession des actions est-elle au contraire plus avantageuse ? Cela dépend des circonstances et du point de vue auquel on se place.

Le bénéfice de division dispense la caution de faire l'avance de toute la dette, ce qui pourrait être très-onéreux pour elle; il lui permet de ne payer que sa part virile, calculée sur le nombre des cautions solvables ; mais il a cet inconvénient, de ne pas lui assurer son remboursement par le débiteur et de l'exposer à supporter non-seulement sa part virile dans la dette, mais aussi celle de ses coobligés insolvables, sans pouvoir recourir contre eux si plus tard ils reviennent à meilleure fortune.

Le bénéfice de cession d'actions, qui a pour la caution l'inconvénient de l'obliger à faire l'avance de toute la dette, a d'un autre côté des avantages : il permet à la caution qui a payé de profiter pour se faire rembourser des gages, hypothèques, etc... qu'avait le créancier. En outre, il la met à même de demander plus tard à ses coobligés insolvables pour le moment le payement de leur part, si leur insolvabilité vient à cesser. On voit donc que suivant les circonstances la caution a intérêt à invoquer l'un ou l'autre de ces bénéfices.

CHAPITRE V.

BÉNÉFICE DE DISCUSSION.

Les divers bénéfices que nous avons rencontrés jusqu'ici avaient déjà singulièrement adouci la position des cautions. Justinien, dans sa Novelle 4, vint encore les protéger en leur accordant le bénéfice de discussion, à quel inconvénient cet empereur avait-il pour but de remédier ?

Si nous nous reportons aux textes des Pandectes et du Code, nous voyons que le créancier qui avait à la fois un débiteur principal et une caution pouvait s'adresser tout d'abord à la caution aussi bien qu'au débiteur et lui demander son payement.

A l'égard des fidéjusseurs, nous trouvons cette règle dans un grand nombre de lois. Voici ce que nous lisons dans un rescrit des empereurs Sévère et Antonin de l'an 208, qui forme la loi 3, C., *De fidej.* « Non recte procuratores nostri, si allegationi tuæ fides adesset, audire te noluerunt ex bonis fidejussoris, quæ ad fiscum pervenerunt, pecuniam repetentem, sed reum principalem convenire jusserunt, quum electionis potestas permittatur creditori. » Nous retrouvons cette même doctrine dans la loi 5, C., *De fidej.*, rendue l'an 214 par Antonin Caracalla : « Jure nostro est potestas creditori, relicto reo, eligendi fidejussores, nisi inter contrahentes aliud placitum doceatur. » La convention dont parle la fin de ce texte est probablement celle que les commentateurs ont appelée *fidejussio indemnitatis* et sur laquelle nous aurons à revenir tout à l'heure. On peut encore citer dans le même ordre d'idées la loi 19, C., *De fidej.*, d'après laquelle le créancier a *liberam electionem*, et la loi 21, C., même titre. Ces textes ne parlent que des fidéjusseurs; mais il faudrait évidemment en dire autant des *sponsores* et des *fidepromissores*.

Si nous passons au *mandator pecuniæ credendæ*, nous trouvons encore le même droit pour le créancier de s'adresser d'abord soit au *mandator,* soit au *reus :* « Qui mutuam pecuniam dari mandavit, omisso reo promittendi et pignoribus non distractis eligi potest. » *Loi* 56, *pr.*, *Mandati D.* (17, 1) et la loi 19, C., *De fidej.*, plaçant sur la même ligne les *mandatores pecuniæ credendæ* et les fidéjusseurs, dit également que le créancier peut demander le payement soit au *mandator*, soit au débiteur; il a *liberam electionem.*

Quant au constituant, le créancier avait aussi le droit de s'adresser à lui avant de poursuivre le débiteur; en effet, le constituant ne devait peut-être pas la même chose que le débiteur principal, il devait peut-être à une autre date, dans un autre lieu, à ces différents points de vue le créancier pouvait avoir intérêt à demander son payement au constituant : il ne fallait pas le priver de cet avantage en le forçant à s'adresser d'abord au débiteur.

Le créancier avait donc le droit de poursuivre en première ligne la caution. En présence des puissants moyens de coercition établis par les lois romaines contre le débiteur, ce droit était très-onéreux pour les cautions. Aussi avaient-elles cherché à y échapper, et pour cela on avait trouvé deux moyens : la *fidejussio indemnitatis*, et le mandat dans l'intérêt du mandant et du mandataire.

Voici en quoi consistait la *fidejussio indemnitatis*. Le

créancier, après avoir stipulé du débiteur Titius en ces termes : *Decem dare spondes ?* au lieu d'interroger Seius qui veut se porter fidéjusseur dans la forme employée pour faire naître la fidéjussion ordinaire lui adressait la stipulation suivante : *Quanto minus a Titio consecutus fuero, dare spondes ?* Cette manière de procéder, qui, à certains égards donnait au créancier moins de droits que la fidéjussion ordinaire, lui était plus favorable à d'autres points de vue, et c'est ce qui nous explique comment le créancier consentait à stipuler en ces termes : *Quanto minus a reo consecutus fuero dare spondes ?*

La *fidejussio indemnitatis* avait des avantages pour le créancier : en effet, d'après les principes de la fidéjussion ordinaire quand le créancier avait intenté son action contre le débiteur, il ne pouvait plus agir contre le fidéjusseur, et réciproquement, quand il avait commencé par poursuivre le fidéjusseur, il ne pouvait plus actionner le débiteur. Il n'en était pas de même dans le cas de *fidejussio indemnitatis;* la poursuite dirigée contre le *reus* ne libérait pas le débiteur accessoire : c'est ce que nous voyons dans plusieurs textes, notamment dans les lois 42, *De rebus creditis D.*, 12, 1, de Celsus, 116, *De verb. obligat., D.,* 45, 1, de Papinien et de Paul, et 21 *De solutionibus D.*, 46, 3, de Paul. Seulement si les jurisconsultes étaient d'accord sur la solution, ils ne l'étaient pas sur les motifs de cette solution. Voici ce que nous dit Celsus dans la loi 42, *De rebus creditis, D.*; il suppose que j'ai stipulé 10 de Titius ; puis j'ai stipulé de Seius *quanto minus a Titio consequi possim;* je poursuis Titius, j'obtiens une condamnation contre lui ; Seius n'est pas libéré, car, et c'est le motif donné par Celsus, s'il en était autrement, l'intervention du fidéjusseur serait une précaution inutile. Pour savoir si Seius est liberé, il faudra attendre et voir si Titius exécutera la condamnation ; mais, suivant Celsus, le *fidejussor indemnitatis* est obligé dès le principe.

Papinien, dans la loi 116 *De verb. oblig.*, admet aussi que la poursuite dirigée contre le *reus* ne libère pas le *fidejussor indemnitatis ;* mais Paul, dans une note sur ce texte de Papinien, tout en adoptant cette décision, la motive autrement que Celsus. Suivant Paul, si le *fidejussor indemnitatis* n'est pas libéré, c'est qu'il n'est obligé que sous la condition *si a Titio exigi non poterit* et quand on actionne le débiteur on ne sait pas si ce fidéjusseur sera jamais obligé : si Titius paye, le *fidejussor indemnitatis* n'aura jamais été tenu puisque la condition de son engagement aura fait défaut. Paul reproduit la même théorie dans la loi 21 *De solutionibus D.*

Quel que soit le motif, la doctrine des jurisconsultes romains n'en est pas moins constante sur ce point : l'action dirigée contre le *reus* ne libère pas le *fidejussor indemnitatis ;* c'était cet avantage qui pouvait déterminer le créancier à ne pas exiger une fidéjussion ordinaire ; car, ainsi que je l'ai annoncé, la *fidejussio indemnitatis* avait pour la caution, au détriment du créancier, des avantages que nous allons immédiatement examiner.

Celsus, dans la 2e partie, de la loi 42, *De rebus creditis,* suppose que le créancier a d'abord poursuivi Seius, et il demande si l'obligation du débiteur subsiste encore. Il décide qu'elle subsiste pour tout ce que le créancier n'a pas pu demander à Seius, c'est-à-dire pour tout ce qu'il aurait pu obtenir du débiteur lors de la *litis contestatio* avec Seius. Paul, dans la loi 21, *De solutionibus,* D., n'est pas de cet avis; il nous dit que, si le créancier a d'abord agi contre Seius, Titius n'est libéré pour aucune partie de la dette; en effet, on ne sait pas si Seius devra quoi que ce soit, car si Titius paye le tout, Seius n'aura pas été débiteur, puisque la condition mise à son engagement aura fait défaut; et dans la loi 116, *De verborum obligationibus, in fine,* le même Paul nous dit que le *fidejussor indemnitatis* ne peut pas être valablement actionné tant que la condition mise à son engagement est en suspens, c'est-à-dire tant que Titius n'aura pas été discuté : ce n'est effectivement que par la discussion du *reus* que l'on saura si Seius doit et ce qu'il doit, par conséquent s'il peut être actionné, et pour combien il peut l'être. Il résulterait de ce texte de Paul que le *fidejussor indemnitatis,* auquel le créancier s'adresse en première ligne peut le renvoyer à discuter le *reus.* C'est là une deuxième différence entre la *fidejussio indemnitatis* et la fidéjussion ordinaire.

Enfin, nous trouvons dans les textes une troisième différence. Le fidéjusseur ordinaire ne peut pas refuser de payer le créancier, sous prétexte que celui-ci, en négligeant de poursuivre le débiteur, l'a laissé devenir insolvable. Si le fidéjusseur élevait une prétention de ce genre, le créancier pourrait lui répondre : La loi me donnait le droit de m'adresser à mon gré, soit à vous, soit au *reus*; dès le principe, j'ai eu l'intention de vous poursuivre; en conséquence, je ne me suis pas occupé de ce que devenait le débiteur. La loi 62, *De fidej.,* **D.,** fait une application de cette doctrine.

L'obligation du *fidejussor indemnitatis* était régie par des principes tout différents : elle consistait seulement à indemniser le créancier du préjudice que lui causait l'impossibilité de se faire payer par le *reus;* mais si le créancier, par sa négligence à poursuivre le débiteur, le laissait devenir insolvable avant d'avoir obtenu son payement, il ne pouvait pas faire retomber les suites de sa négligence sur le *fidejussor indemnitatis*, et lui demander le payement de ce qu'il ne pouvait pas obtenir du *reus* actuellement insolvable. Le créancier éprouvait bien un dommage, mais c'était par sa faute, et *quod quis ex culpa sua damnum sentit, sentire non videtur.* (Loi **203**, *De diversis regulis juris,* **D.** (50, 17).

Sous Justinien, toutes ces différences disparaissent entre le fidéjusseur ordinaire et le *fidejussor indemnitatis.*

La première différence est effacée par la loi **28,** C., *De fidej.*, d'après laquelle, à l'imitation de ce qui avait lieu pour les *mandatores pecuniæ credendœ*, les fidéjusseurs ne sont plus libérés par la poursuite dirigée contre le *reus*, et réciproquement le *reus* n'est plus libéré par la poursuite dirigée contre le fidéjusseur.

Les deux autres différences persistèrent quelques années encore, mais furent effacées par la Novelle 4. La concession du bénéfice de discussion efface la seconde différence en permettant au fidéjusseur de renvoyer le créancier à poursuivre d'abord le débiteur.

Enfin, cette même Novelle 4 rend le créancier responsable de l'insolvabilité du débiteur, survenue par défaut de poursuites : « Si vero non valuerit a debitore recipere « aut in partem, aut in totum secundum quod ab eo non « potuerit recipere secundum hoc ad fidejussorem .... « veniat, et ab illo quod reliquum est sumat. »

Ces mots *si vero non valuerit* montrent bien que

le créancier ne peut demander au fidéjusseur que ce qu'il *n'a pas pu* obtenir du *reus ;* si donc il *a pu* obtenir quelque chose du *reus*, et a négligé de le demander en temps opportun, il ne peut plus le réclamer au fidéjusseur.

J'ai dit qu'un autre moyen pour la caution d'éviter la poursuite dirigée contre elle en première ligne était le mandat dans l'intérêt du mandant et du mandataire (§ 2, *De mandato, Instit.*, 3, 26). Voici ce qu'il faut supposer : le créancier manifeste l'intention de poursuivre le fidéjusseur, peut-être même est-il devant le préteur, mais il n'a pas encore obtenu la formule ; il a donc conservé ses actions tant contre le débiteur que contre le fidéjusseur. Ce dernier lui demande de poursuivre d'abord le débiteur principal ; le créancier fait des difficultés, allègue que la poursuite dirigée contre le *reus* libérera le fidéjusseur, que la solvabilité du *reus* est douteuse, tandis que la caution est parfaitement solvable. Alors cette caution, qui tient à n'être pas poursuivie en premier lieu, qui n'a pas en main les fonds nécessaires pour payer la dette, donne au créancier mandat d'agir contre le *reus*. En vertu de ce mandat, le créancier poursuit le débiteur, le fait condamner, cherche à se faire payer par lui, et s'il n'y parvient pas, revient contre le fidéjusseur, son mandant, en lui disant : « J'ai exécuté le mandat que vous m'avez donné ; il m'a causé un préjudice, car je n'ai pas pu obtenir ce qui m'était dû, et j'ai perdu l'action que j'avais contre vous. En votre qualité de mandant, vous devez m'indemniser de ce préjudice. » Si le fidéjusseur résiste, et refuse de payer ce qui n'a pas été obtenu du débiteur, le créancier le poursuivra, non pas en qualité de fidéjusseur et par l'action *ex stipulatu,* cette action a été éteinte par la poursuite contre le *reus,* il le poursuivra par l'action *mandati contraria*, et lui réclamera l'exécution des obligations nées du mandat.

Cette convention était à la fois dans l'intérêt du mandant et du mandataire : du mandant, car le fidéjusseur y trouve l'avantage de se soustraire, au moins momentanément, à la poursuite, et de ne pas faire une avance de fonds dont il devrait plus tard se faire rembourser par le débiteur.

Dans l'intérêt du mandataire : car le créancier qui avait agi contre le fidéjusseur ne pouvait plus agir contre le *reus*, et, en sens inverse, après avoir agi contre le *reus*, il ne pouvait plus agir contre le fidéjusseur. Ici il cumule les deux solvabilités : après avoir obtenu du *reus* tout ce que celui-ci peut payer, il demandera le reste au fidéjusseur, et il est très-utile pour le créancier de pouvoir ainsi s'adresser successivement aux deux obligés, car chacun d'eux, pris isolément, n'a peut-être pas de quoi payer toute la dette, et il serait difficile au créancier de calculer exactement la solvabilité de chacun pour diviser son action entre eux, et faire restreindre la formule contre chacun d'eux, dans la limite des facultés de celui contre qui elle est donnée.

Ce mandat, dans l'intérêt du mandant et du mandataire, perd son utilité dans le droit définitif de Justinien ; la loi 28, C., *De fidej.,* en assimilant les fidéjusseurs aux *mandatores pecuniæ credendæ*, abroge la règle que la poursuite dirigée contre le *reus* libère le fidéjusseur, et, par suite, fait disparaître l'intérêt qu'avait le créancier à recevoir ce mandat; et, d'un autre côté, la Novelle 4, en permettant au fidéjusseur de renvoyer le créancier discuter d'abord le *reus*, fait disparaître l'intérêt qu'avait le

fidéjusseur à donner ce mandat, seul moyen pour lui d'é-
chapper à une poursuite immédiate.

La *fidejussio indemnitatis* et le mandat dans l'intérêt
du mandant et du mandataire étaient insuffisants en ce
qu'ils laissaient la caution à la merci du créancier, ils
exigeaient un arrangement spécial. Le créancier pouvait
refuser d'y consentir, et la caution n'avait aucun moyen
de l'y contraindre. De plus, la stipulation nécessaire pour
produire la *fidejussio indemnitatis* devait avoir lieu au moment même de l'intervention de la caution, c'est-à-dire à
un moment où cette caution se fait illusion, où elle croit
que le débiteur payera volontairement et qu'il n'y aura
pas de poursuites. Cela nous montre qu'il y avait encore
des améliorations à faire dans l'intérêt des cautions; ces
améliorations furent faites par Justinien, dans sa Novelle 4, dont il nous reste à nous occuper (1).

Plusieurs fois déjà nous avons eu l'occasion de parler
de cette Novelle 4, que Justinien porta l'an 535 de.l'ère
chrétienne. Dans cette constitution, Justinien accorde
aux cautions le bénéfice d'ordre ou de discussion, c'est-
à-dire que le créancier doit s'adresser d'abord *ad eum*

---

(1) Il est à remarquer que, même avant Justinien, c'est-à-dire à une époque
où les cautions n'avaient pas le bénéfice de discussion, les tuteurs avaient
déjà, indépendamment de toute convention avec le créancier, le droit d'invoquer ce bénéfice. Pour cela, il faut supposer qu'il y avait plusieurs tuteurs et
que l'un d'eux n'avait pris aucune part à l'administration dont les autres s'étaient
char és, celui d'entre eux qui n'avait pas géré pouvait. lorsqu'il était actionné,
renvoyer le créancier à la discussion de ceux qui s'étaient chargés d'adminis-
trer (l. 39, § 11, *De adm. et peric. tut.*, D., 26, 7 ; l. 55, § 2, *De adm. et
peric tut.*, D., 26, 7).

Il en était de même à l'égard des magistrats municipaux, l. 1, § 9, *De
magistr. conven.*, D. 27, 8 ; l. 11, *Ad municipalem*, D. 50, 1 ; l. 1, *Quo
quisque ordine conveniatur*. C. 11, 36.

qui pecuniam accepit debitumque contraxit, et ne doit s'attaquer à la caution qu'après avoir poursuivi inutilement le débiteur principal.

Cette innovation est indiquée dans la rubrique même de la Novelle ainsi conçue : « Ut creditores primo debitores principales conveniant, et si illi non solvendo esse reperiantur, secundo loco mandatores, vel constitutæ pecuniæ reos (le texte grec porte αντιφωνητων) vel fidejussores. » L'empereur, dans le chapitre premier, reprend cette idée avec plus de détail : « Si quis igitur, dit-il, mutuum dederit, et fidejussorem, aut mandatorem, aut constitutæ pecuniæ reum (αντιφωνητην) acceperit, ille non statim ab initio mandatorem, fidejussorem aut constituentem (αντιφωνησαντες) conveniat, neque debitore neglecto intercessoribus molestus sit, sed primo eum, qui pecuniam accepit et debitum contraxit conveniat. Et si quidem ab illo acceperit, a reliquis abstineat (quid enim illi cum extraneis rei est, cui debitor satisfecit?) ; si vero a debitore nec partem, nec solidum consequi poterit, quantum ab illo accipere non potuit, pro ea parte cum fidejussore, vel constituente (αντιφωνητην), vel mandatore experiatur, et ab eo reliquum consequatur (1). » Justinien, dans la suite de cette Novelle, nous indique le motif qui l'a porté à établir ce bénéfice : c'est un motif d'équité, d'humanité : *fidejussoribus et istius modi hominibus auxilio venire æquum est.*

L'innovation de Justinien s'applique bien certainement aux fidéjusseurs et aux *mandatores pecuniæ cre-*

---

(1) Le texte latin que je cite est celui qu'ont donné les frères Kriegel dans leur édition du *Corpus juris.*

dendœ, mais s'applique-t-elle également à ceux qui font le pacte de constitut pour la dette d'autrui? Ce qui fait naître le doute, c'est que dans la plupart des textes latins de la Novelle il n'est pas parlé des constituants, mais des *sponsores.* Cujas propose de corriger ces textes et prétend que le mot αντιφωνητ désigne non pas les *sponsores,* mais les constituants; on peut ajouter en ce sens qu'en 535 il y avait déjà longtemps que la *sponsio* n'était plus en usage, et que Justinien n'avait pas dû se référer à une institution disparue depuis des siècles. Du reste, si la Novelle 4 n'a pas donné aux constituants le bénéfice de discussion, ils n'ont pas dû tarder à l'obtenir, car la Novelle 136 de l'an 541, c'est-à-dire postérieure de six ans seulement à la précédente, parle de ce bénéfice comme d'un droit préexistant pour cette classe de cautions.

La Novelle 4, en parlant du bénéfice de discussion, suppose toujours un seul débiteur pour lequel est intervenu un fidéjusseur; mais que faut-il décider s'il y a *duo rei promittendi* et un fidéjusseur unique? Celui-ci peut-il renvoyer le créancier à discuter les deux débiteurs?

Si le fidéjusseur les a cautionnés tous les deux, il peut sans difficulté renvoyer le créancier à les discuter l'un et l'autre; mais que faut-il décider s'il n'en a cautionné qu'un? Le texte de la Novelle ne répond pas à cette question, mais les principes conduisent à dire que le fidéjusseur ne peut pas renvoyer le créancier à discuter le débiteur qu'il n'a pas cautionné. Les effets de la qualité de débiteur principal et de fidéjusseur ne se produisent que d'une manière relative, dans les rapports de certaines personnes déterminées, et la preuve, c'est que si les *duo rei promittendi* ont donné chacun un fidéjusseur, ces fidéjusseurs ne peuvent pas invoquer le bénéfice de division.

Pothier (n° 412, *Traité des obligations*), prétend cependant que le fidéjusseur peut demander la discussion du débiteur qu'il n'a pas cautionné. Il se fonde sur cette phrase de Quintilien : *Non aliter salvo pudore ad sponsorem venit creditor quam si recipere a debitore non possit.* Mais s'il est convenable que le créancier s'adresse d'abord au débiteur, il ne s'ensuit pas que la caution puisse le forcer à procéder ainsi.

Pothier ajoute que « celui qui s'est rendu caution pour l'un d'entre plusieurs débiteurs solidaires est aussi en quelque façon caution des autres, car l'obligation de tous ces débiteurs n'étant qu'une même obligation en accédant à l'obligation de celui pour qui il s'est rendu caution, il a accédé à celle de tous. » Cela n'est pas exact, il y a des différences bien certaines entre le cas où le fidéjusseur n'a cautionné que l'un des *rei* et celui où il les a cautionnés tous (*loi* 51, § 2, *De fidej.*, D.; Loi 21, § 4, *De fidej.*, D.; Loi 10, *De duobus reis*, D. (45, 2); Loi 32, § 4, *De usuris*, D. (22, 1); Loi 88, *De verborum obligationibus*, D. (45, 1), etc....)

Enfin, Pothier est ici en contradiction avec lui-même; il dit au n° 412 de son Traité des obligations que le fidéjusseur qui n'a cautionné que l'un des *rei* peut renvoyer le créancier à les discuter tous, parce « qu'il est équitable qu'autant que faire se peut, une dette soit payée plutôt par ceux qui en sont les véritables débiteurs et qui ont profité du contrat, que par ceux qui en sont débiteurs pour autrui; » au n° 281 du même Traité,

Pothier avait dit que le débiteur solidaire qui, en payant, requiert la subrogation « est pour le surplus de ce dont il était débiteur pour soi-même et sans recours, subrogé aux actions du créancier, non-seulement contre ses débiteurs, mais contre leurs cautions, s'ils en ont donné au créancier. » Ces deux propositions sont évidemment inconciliables.

Ce fidéjusseur, qui ne peut pas demander pour le tout la discussion du débiteur qu'il n'a pas cautionné, ne peut-il pas la demander pour moitié? Avec ce tempérament, la contradiction que nous venons de signaler n'existerait plus ; mais ce tempérament est arbitraire, et par suite inadmissible. Aucune loi ne donne à ce fidéjusseur, tenu pour le tout, le droit de demander la discussion du débiteur principal jusqu'à concurrence d'une certaine partie seulement. Ce serait là un bénéfice de division d'une nouvelle espèce (1).

Revenons au texte même de la Novelle 4. Dans le très-ancien droit romain, si l'on en croit la préface de cette Novelle, une loi, depuis longtemps tombée en désuétude, aurait accordé aux cautions le bénéfice de discussion, et ce serait cette loi que Justinien remettrait en vigueur en l'améliorant. Nous ne trouvons dans les Pandectes et dans le Code, aucune trace de cette ancienne loi ; aussi beaucoup d'auteurs ont-ils révoqué en doute son existence. Cujas pense qu'elle était fort ancienne ; que c'était peut-être même la loi des Douze Tables, *vetustissima*

---

(1) M. Demangeat, De duobus reis, p. 138.

enim est, dit-il, *et forsitan Duodecim Tabularum,* mais il ne donne aucune preuve à l'appui de cette conjecture. Dans le silence des textes juridiques, il prétend trouver des vestiges de cette loi dans la correspondance de Cicéron avec Atticus, notamment dans le passage suivant : *Quod scribis a Junio te appellatum omnino Cornificius locuples est* (lib. 14, Lit. 12), et voici le commentaire de cette phrase : « Appellatus fuit Atticus quasi procurator Ciceronis qui pro Cornificio fidejusserat ; Cicero scribit non debuisse appellari quod idoneus fuerat debitor principalis. » Cujas cite encore deux autres textes de Cicéron : « Quod pro Cornificio me spopondisse dicit Flavius, etsi reus locuples sit, tamen velim investiges ex cosponsorum tabulis sitne ita, » et plus loin : « Possumus ut sponsores appellentur procuratorem introducere, neque enim illi litem contestabuntur, quo facto non sum nescius sponsores liberari. » Voici la manière dont Cujas commente ce dernier passage : « De Dolabellæ nomine loquitur, quod cum non dissolveret Dolabella Ciceroni, dicit se per procuratorem sponsores ejus appellare posse, quanquam Dolabella scilicet existente locuplete ad judicium accipiendum compelli utique non possint atque adeo translato judicio ad procuratores Dolabellæ ipsi sponsores liberentur. »

D'autres auteurs ont prétendu trouver une allusion au bénéfice de discussion dans la phrase de Quintilien que j'ai citée tout à l'heure : « Non aliter salvo pudore ad sponsorem venit creditor quam si recipere a debitore non possit. » De tous ces textes on ne peut tirer aucune conclusion certaine, et d'ailleurs, en supposant prouvée l'existence de l'ancienne loi dont parle Justinien, il resterait à savoir jusqu'à quelle époque elle fut en vigueur, quelle était la portée de ses dispositions, etc. Sur ces différents points, on ne peut faire que des conjectures, dans l'examen desquelles nous n'entrerons pas.

Pour compléter l'étude du droit de Justinien en ce qui concerne le bénéfice de discussion, il nous reste à parler de la disposition de la Novelle 4 relative à l'hypothèse où le débiteur principal était absent, et du droit particulier établi par la Novelle 136 au profit des *argentarii*.

Justinien, dans la préface de sa Novelle, nous apprend qu'il ne se borne pas à rétablir purement et simplement l'ancienne loi, mais qu'il l'améliore en y faisant des additions, et, dans le chapitre premier, il nous indique une de ces améliorations. Elle est relative au cas d'absence du débiteur principal. Justinien décide que les cautions ne pourront invoquer le bénéfice de discussion que si le débiteur principal est présent; si, au contraire, il est absent, le créancier aura le droit d'actionner de prime-abord la caution; mais celle-ci pourra demander au juge un délai pour faire comparaître le *reus,* délai que le juge accordera en le déterminant. Pendant ce délai, il sera sursis aux poursuites contre la caution, mais si, à l'expiration du temps fixé par le juge, la caution n'a pas représenté le *reus,* l'instance suivra son cours contre elle, et elle pourra être condamnée. Cette condition de la présence du débiteur, pour que la caution pût invoquer le bénéfice de la Novelle, était commandée par les difficultés particulières qu'il y avait dans la procédure romaine à poursuivre et à discuter un absent. Si cette condition n'eût pas été exigée, il en serait résulté que, lorsque le débiteur principal était absent ou se cachait, l'action du créancier contre la caution aurait été indéfiniment retardée et serait devenue illusoire; on aurait même pu craindre une collusion entre le *reus* et la caution.

Justinien ajoute que l'ancienne loi était insuffisante sur ce point, et que Papinien le premier avait fait introduire des modifications : « Neque enim antiqua lex definitam quamdam sanandi methodum habuit, quamvis magnus ille Papinianus hæc primus docuerit. » Il semblerait résulter de là que l'ancienne loi dont parle Justinien était encore en vigueur du temps de Papinien; mais cela est bien difficile à admettre en présence des lois 3 et 5, C., *De fidej.*, qui sont précisément contemporaines de Papinien, et d'après lesquelles le créancier a le droit de s'adresser d'abord au fidéjusseur en laissant de côté le *reus*.

Il est probable que cette réforme de Papinien s'appliquait à la *fidejussio indemnitatis*, pour laquelle, en cas d'absence du *reus*, se présentaient les inconvénients pratiques auxquels Justinien avait voulu remédier. Cette *fidejussio indemnitatis* était devenue d'un usage assez fréquent : il n'est donc pas étonnant que Papinien ait cherché à rendre moins difficile la position du créancier en cas d'absence du *reus*.

Les *argentarii* n'avaient pas été compris dans les dispositions favorables de la Novelle 4 : « Constitutis scilicet argentariorum propter utilitatem contractuum in eo, qui nunc est, ordine manentibus, » dit le chap. 3, § 1 de cette Novelle : ils n'avaient donc pas le bénéfice de discussion; c'est ce qui résulte encore de la préface de la Novelle 136.

Les *argentarii* ne tardèrent pas à se plaindre de ce

nouvel état de choses, qui les mettait en dehors de la loi commune : ils portèrent leurs doléances à l'empereur, firent valoir les nombreux services qu'ils rendaient au crédit et les dangers auxquels les exposait la nature de leurs opérations. Depuis la *Novelle* 4, disaient-ils, leur situation était devenue très-difficile ; car d'une part, s'ils intervenaient comme cautions, le créancier pouvait s'adresser immédiatement à eux en laissant de côté le débiteur, et, d'autre part, les cautions de leurs débiteurs avaient le droit de leur opposer le bénéfice de discussion. En conséquence, ils demandaient ou bien qu'on les soumît à l'empire du droit commun, c'est-à-dire qu'on leur permît d'invoquer le bénéfice de la *Novelle* 4 ; ou bien, si on ne voulait pas leur accorder ce bénéfice, qu'on leur permît de poursuivre sans discussion préalable les cautions de leurs débiteurs ; en d'autres termes, que la *Novelle* 4 fût considérée à leur égard comme non-avenue, aussi bien dans leur intérêt que contre eux (*Novelle* 136, préface).

Ce qui probablement avait fait exclure les *argentarii* des dispositions favorables de la *Novelle* 4, c'est que leur intervention n'était jamais gratuite ; que, s'ils rendaient des services, ils y mettaient des conditions très-onéreuses, et que par suite ils étaient vus avec peu de faveur. Aussi, n'obtinrent-ils pas tout ce qu'ils demandaient. Justinien ne leur accorda pas le bénéfice de discussion ; mais leur position, comme créanciers, fut notablement améliorée. La *Novelle* 136, chap. Ier (an. 541), leur permit non pas de s'adresser en première ligne aux cautions de leurs débiteurs, mais de faire avec ces cautions des pactes portant qu'elles renonçaient au bénéfice de discussion et consentaient à être poursuivies avant le débiteur, *non exspectato constitutionis ordine.*

Justinien ne se dissimulait pas l'importance de cette concession aux *argentarii*; il semble ne la faire qu'à regret, croit devoir la motiver, et pour cela s'appuie sur des considérations d'intérêt public : « Propter studium enim argentariorum circa communes contractus ejusmodi pacta admittimus quæ non videntur contra legem esse, quoniam unicuique ea quæ a legibus ipsi data sunt, contemnere licet (*Nov.* 136, chap. Ier). » Cette modification à la *Novelle* 4 était en effet de la plus haute importance, car ceux qui ont besoin d'argent étant toujours à la merci de ceux qui leur en prêtent, les *argentarii* imposaient à toutes les cautions qu'ils recevaient cette condition de renoncer au bénéfice de la *Novelle.* Les autres créanciers imitèrent les *argentarii*, et c'est là l'origine des clauses de renonciation au bénéfice de discussion, si fréquente dans l'ancien droit français et dans notre droit moderne.

DROIT FRANÇAIS.

DES DIVERS BÉNÉFICES ACCORDÉS AUX CAUTIONS.

Le législateur, lorsqu'il veut régler les effets d'un contrat, a coutume de rechercher l'utilité que présente ce contrat pour la société, les avantages qu'il procure au débiteur et les mobiles qui ont porté ce dernier à s'obliger; c'est d'après le résultat de cette recherche qu'il se détermine à traiter plus ou moins favorablement le débiteur. A ces différents points de vue, la caution mérite une protection toute particulière. Le contrat de cautionnement a pour la société les plus grands avantages : il augmente le crédit, il facilite une multitude d'opérations, de transactions qui n'auraient pas lieu sans lui. L'homme qui, sur le point de contracter, n'a pas confiance dans la solvabilité de la personne qui va s'obliger envers lui, refuse de traiter avec cette personne, ou, s'il y consent, il

veut que les chances de gain compensent les chances
de perte auxquelles il s'expose, et soumet le débiteur à
des conditions tellement onéreuses qu'elles amèneront
sa ruine, ou le priveront des bénéfices qu'il espérait
réaliser. Celui qui veut s'engager sans trop de désavan-
tage doit rassurer son futur créancier contre les craintes
qu'il peut concevoir, et l'un des moyens de le rassurer est
de faire intervenir une personne solvable qui se soumette
à satisfaire à l'obligation, si le débiteur n'y satisfait
pas lui-même. Le cautionnement ne rassure pas seulement le créancier contre l'insolvabilité du débiteur, il le
garantit encore contre les suites de l'incapacité de ce débiteur. Le contrat de cautionnement a donc une utilité manifeste pour la société en multipliant les transactions ;
pour le débiteur principal, en lui donnant du crédit ; pour
le créancier, en lui permettant de faire des opérations
qu'il n'oserait pas entreprendre sans cette garantie spéciale.

Si maintenant nous recherchons les mobiles qui ont
porté la caution à s'engager, et les avantages qu'elle retire
personnellement de son obligation, sa position n'est pas
moins favorable. Le cautionnement est gratuit de sa
nature, il est considéré comme un office d'ami ; le plus
souvent la caution s'oblige par un sentiment d'humanité,
de générosité : elle s'expose aux chances d'une faillite,
d'une déconfiture ; elle s'engage à rendre un argent
qu'elle n'a pas reçu, à payer une dette dont elle n'a pas
profité, et en échange de ces éventualités désastreuses,
elle ne reçoit aucun avantage appréciable en argent.

Le législateur, s'il se place à ces différents points de
vue, doit protéger la caution ; mais, d'un autre côté, il ne

doit pas oublier que le créancier a des droits, et des droits respectables. Bien souvent si le créancier contracte, c'est en vue de la garantie que lui offre le cautionnement; il ne faut pas que cette garantie sur laquelle il comptait lui soit enlevée, qu'elle devienne pour lui un piége; il ne faut pas qu'il soit victime d'une déception et que l'humanité fasse oublier la justice.

Deux grands intérêts sont en présence : celui du créancier et celui de la caution ; le législateur doit s'attacher à les concilier; c'est ce qu'avait fait la législation romaine, c'est ce qu'ont fait les rédacteurs du Code. Ce n'est qu'après de longues hésitations que le droit romain était arrivé à un système satisfaisant sur ce point. A l'origine, nous trouvons une législation d'une excessive sévérité contre les cautions ; puis, par une réaction extrême, les lois Apuleia et Furia viennent donner une protection exagérée aux *sponsores*, aux *fidepromissores* et anéantir presque complétement les droits du créancier contre eux ; mais, à côté des *sponsores* et des *fidepromissores,* nous rencontrons les fidéjusseurs restés en dehors des dispositions de ces lois, soumis à toutes les rigueurs de la législation primitive. Plus tard la *sponsio* et la *fidepromissio* disparaissent, tandis que la position des fidéjusseurs et des autres cautions s'adoucit graduellement avec l'introduction du bénéfice de cession d'actions par les jurisconsultes, du bénéfice de division par Adrien, et enfin, dans le dernier état du droit, du bénéfice de discussion par Justinien. Ces divers bénéfices passèrent avec quelques modifications du droit romain dans notre ancienne jurisprudence et, de là, avec de nouvelles modifications, dans le Code.

Nous allons nous occuper de chacun de ces bénéfices en particulier. Dans un premier chapitre, nous parlerons du bénéfice de discussion ; dans un second chapitre, du bénéfice de division; enfin, dans un troisième chapitre, du bénéfice de cession d'actions ou, pour parler plus exactement, du bénéfice de subrogation.

CHAPITRE Ier.

BÉNÉFICE DE DISCUSSION.

Le bénéfice de discussion est le droit qu'a en général la caution, lorsqu'elle est poursuivie par le créancier, d'exiger que ce créancier fasse préalablement procéder à la saisie et à la vente des biens du débiteur principal.

Ce bénéfice, établi par la Novelle 4 de Justinien, fut emprunté à la législation romaine par notre ancienne jurisprudence française. A côté du bénéfice de discussion, notre ancien droit trouva dans les Novelles la faculté d'y renoncer; il admit aussi cette faculté, mais en la généralisant. Justinien, dans sa Novelle 136, avait permis aux personnes qui s'obligeaient comme cautions envers les *argentarii* de renoncer à la protection qu'il leur avait accordée, de convenir que le créancier pourrait s'adresser à elles tout d'abord sans poursuivre auparavant le débiteur principal, *non exspectato constitutionis ordine*. Le droit français étendit cette faculté à toutes les cautions, quel que fût le créancier; par là il abrogeait en fait le bénéfice qu'il admettait en principe. Les créanciers voulant augmenter leurs garanties et rendre leur position meilleure, exigeaient toujours ou presque toujours cette renonciation, et les cautions renonçaient à la Novelle 4 ou à l'authentique *Præsente*, tirée de cette Novelle, comme les femmes au sénatus-consulte Velléien. Ces clauses de renonciation, excessivement fréquentes dans toutes les parties de la France, devinrent de style dans certaines provinces, notamment en Bourgogne, à tel point que, lors de la réformation de la coutume de Bourgogne, on crut devoir supprimer le bénéfice de discussion comme entièrement tombé en désuétude.

Cependant, quoique son utilité fût bien peu considérable en fait, il fut presque partout maintenu en principe. Des auteurs cherchèrent même un remède aux abus des clauses de renonciation; ils voulaient que la volonté de la caution fût certaine. Pothier nous dit que «la renonciation aux exceptions de discussion et de division ne doit pas s'inférer de ces termes qui se trouveraient à la fin de l'acte de cautionnement : *promettant*, *obligeant et renonçant, etc.* Ce terme *renonçant* vague et indéterminé, sans qu'on exprime à quoi les parties renoncent, ne peut être regardé que comme un pur style qui ne signifie rien, *ea quæ sunt styli non operantur.* Cette décision a lieu quand même dans la grosse le notaire aurait étendu cette clause de *renonçant, etc.*, et y aurait exprimé la renonciation aux exceptions de division et de discussion. *Dumoulin, Tr. usur., quæst. 7, in fine*, dit l'avoir fait juger ainsi par arrêt; la raison est que le notaire ne peut pas par ce qu'il ajoute dans la grosse augmenter l'obligation des parties.» (Pothier, Obligations, n° 408.)

D'autres jurisconsultes, dans la crainte de voir les cautions renoncer à des dispositions protectrices dont elles ignoraient la portée et même l'existence, auraient voulu que les notaires eussent pris soin de les éclairer sur l'étendue de leurs droits et sur l'importance des clauses de renonciation qu'elles consentaient.

Malgré les efforts de ces auteurs, loin de favoriser le bénéfice de discussion, dont l'utilité était déjà si restreinte, notre ancien droit le soumit à des conditions rigoureuses qui en diminuaient encore les avantages. Partant de cette idée que c'est une faveur pour la caution, on disait que la discussion ne devait pas être trop onéreuse pour le créancier, qu'elle ne devait être ni trop longue, ni trop difficile ; aussi exigeait-on que la caution indiquât les biens à discuter, et on lui refusait d'indiquer les immeubles trop éloignés, litigieux ou sortis des mains du débiteur principal, lors même qu'ils étaient hypothéqués à la dette. Enfin, on imposait à la caution l'obligation d'avancer les frais des poursuites au moins immobilières. Ces conditions onéreuses imposées à la caution n'ont rien qui doive nous étonner, si nous nous reportons à la manière dont on envisageait autrefois le bénéfice de discussion : on prétendait que cette exception était *de apicibus juris, non de œquitate.*

Notre bénéfice était donc vu avec peu de faveur dans l'ancien droit. Cependant les rédacteurs du Code ont cru devoir le maintenir ; ils ont trouvé exagéré de dire qu'il est *de apicibus juris, non de œquitate* ; ils ont vu là un moyen de protéger la caution, et, prenant en considération la faveur qu'elle mérite, ils n'ont pas voulu la priver de cette protection. Si le bénéfice de discussion a l'inconvénient de retarder le payement du créancier, il a des avantages : il est naturel et juste de faire payer la dette plutôt par le débiteur principal qui en a profité que par la caution, qui n'en a tiré aucune utilité ; par là on simplifie la marche des affaires, on évite les recours, on prévient des procès compliqués. Du reste, par de sages et de nombreuses précautions, le législateur a prévenu les abus.

Avant d'entrer dans les détails de notre matière, nous devons faire une observation. L'art. 2011 porte que « Celui qui se rend caution d'une obligation se soumet envers le créancier à satisfaire à cette obligation si le débiteur n'y satisfait pas lui-même, » et l'art. 2021 nous dit que « la caution n'est obligée envers le créancier à le payer qu'à défaut du débiteur, qui doit être préalablement discuté dans ses biens. » La rédaction de ces deux articles pourrait faire croire que le créancier est de plein droit obligé à discuter le débiteur avant de s'adresser à la caution. Ce serait une erreur ; il suffit pour que la caution soit tenue que le débiteur n'ait pas payé, et pour établir ce fait, il n'est pas nécessaire de recourir à une procédure aussi dispendieuse et aussi compliquée que la discussion d'un patrimoine.

L'art. 2022 montre bien d'ailleurs que la discussion du débiteur principal n'est pas un préliminaire indispensable sans lequel l'action du créancier contre la caution ne saurait être admise. D'après cet article, le créancier n'est obligé de discuter le débiteur que lorsque la caution le requiert sur les premières poursuites dirigées contre elle, et même elle ne peut le requérir que sous certaines conditions. C'était la jurisprudence du parlement de Paris, le Code n'a fait que la confirmer.

Mais ne faut-il pas au moins que le créancier, pour

poursuivre la caution, justifie qu'il a mis le débiteur principal en demeure d'accomplir son obligation ?

Des auteurs l'ont soutenu. Le contrat de cautionnement, ont-ils dit, est un contrat conditionnel; la caution n'est tenue qu'à défaut par le débiteur de remplir ses engagements (art. 2011 et 2021); le créancier doit justifier de l'accomplissement de cette condition, et il n'en justifie qu'en démontrant que le débiteur principal est en demeure de remplir son obligation.

Toutefois, dans cette première opinion, on accorde que si la mise en demeure a lieu de plein droit, il n'est pas nécessaire que le créancier fasse sommation au débiteur avant de s'adresser à la caution.

Cette opinion est presque universellement rejetée. Elle repose sur des bases qui ne sont pas exactes : l'engagement de la caution n'est pas conditionnel, son obligation est pure et simple. Pothier le disait, et rien dans la discussion n'indique qu'on ait voulu innover, que les rédacteurs du Code aient entendu abandonner la doctrine de leur guide habituel.

Mais, dit-on, les termes des art. 2011 et 2021 prouvent bien que la caution n'est obligée que conditionnellement. Je réponds que les art. 2011 et 2021 n'ont pas cette portée; dans l'art. 2011, par les expressions *si le débiteur n'y satisfait pas lui-même*, le législateur a voulu faire allusion au bénéfice de discussion, qu'il se proposait de développer plus tard; il a voulu montrer aussi que l'intervention de la caution ne libère pas le débiteur, et c'est en quoi le fidéjusseur diffère de *l'expromissor*. Quant à ces mots de l'art. 2021 : *La caution n'est obligée envers le créancier à le payer qu'à défaut du débiteur*, ils ont seulement pour but d'expliquer le bénéfice de discussion et ne doivent pas être isolés de la fin de l'article.

Enfin, les auteurs qui soutiennent la première opinion ne sont-ils pas en contradiction avec eux-mêmes? Ils admettent que, dans les cas où la mise en demeure du débiteur a lieu de plein droit, le créancier n'est pas obligé de lui faire une sommation; est-ce que dans cette hypothèse le créancier justifie de l'inaccomplissement des obligations du débiteur?

Ajoutons qu'une sommation préalable faite au débiteur, ne serait d'aucune utilité, elle aurait pour résultat unique de multiplier les actes de procédure et les frais. En effet, de deux choses l'une : ou le débiteur principal est solvable, et alors la caution demandera la discussion sur les premières poursuites dirigées contre elle, en même temps elle avancera les sommes nécessaires pour cette discussion; ou bien, dans la crainte de perdre les frais qu'elle devrait avancer, la caution n'ose pas requérir la discussion; son silence n'est-il pas un aveu implicite de l'insolvabilité du débiteur, aveu qui justifie les poursuites dirigées contre elle?

Cette deuxième opinion est conforme à notre ancienne jurisprudence; et si les rédacteurs du Code avaient voulu s'écarter des précédents, il est probable qu'ils se seraient clairement expliqués à cet égard.

Ceci posé, nous allons entrer dans le détail des règles qui régissent le bénéfice de discussion, nous examinerons les quatre points suivants, qui correspondent chacun à l'un des quatre articles consacrés par le Code à notre matière :

1° Quelles cautions peuvent invoquer le bénéfice de discussion (art. 2021)?

2° A quelle époque la caution qui a ce bénéfice peut-elle et doit-elle en user (art. 2022)?

3° Quelles conditions doit remplir la caution, et quelles qualités doivent avoir les immeubles dont elle requiert la discussion (art. 2023)?

4° Quelles sont les conséquences de la négligence du créancier qui, lorsque la caution a fait l'avance des frais et l'indication des biens prescrite par l'art 2023, a, par défaut de poursuites, laissé survenir l'insolvabilité du débiteur (art. 2024)?

§ Ier. — *Quelles cautions peuvent invoquer le bénéfice de discussion* (art. 2021).

En principe, toutes les cautions jouissent du bénéfice de discussion; l'art. 2021, qui pose cette règle, s'exprime dans les termes les plus généraux : « La caution, dit-il, n'est obligée envers le créancier à le payer qu'à défaut du débiteur, qui doit être préalablement discuté dans ses biens. » Mais cette règle si générale est considérablement restreinte par les exceptions qu'il faut y faire. Quelles sont ces exceptions?

D'abord, n'ont pas le bénéfice de discussion les cautions qui y ont renoncé; cette exception, contenue dans l'art. 2021 lui-même, rend bien peu nombreuses en fait les hypothèses dans lesquelles les cautions conventionnelles peuvent invoquer ce bénéfice. Ces cautions ayant le droit de renoncer à cette protection, qui n'est pas d'ordre public, les créanciers, aujourd'hui comme dans l'ancien droit, comme les *argentarii* dans le droit de Justinien, exigent presque toujours cette renonciation. Il y a plus, c'est que, dans les actes notariés qui constatent les contrats de cautionnement, les notaires omettent rarement d'insérer ces clauses de renonciation au bénéfice de discussion, quand même les parties n'auraient rien dit à cet égard. Depuis bien longtemps ces clauses sont devenues de style.

La renonciation peut être non-seulement expresse, mais tacite, et il y a renonciation tacite quand la caution s'oblige comme débiteur principal. Dans l'ancien droit, il y avait eu controverse sur ce point; des arrêts du parlement de Paris avaient jugé que la renonciation devait être expresse; qu'il ne suffisait pas que la caution se fût obligée comme débiteur principal; mais, d'après ce que rapporte Basnage dans son *Traité des hypothèques*, la jurisprudence de Normandie voyait là une renonciation suffisante, et c'était l'opinion de Pothier (*Obligations,* n° 408). Aujourd'hui on admet généralement cette solution par le motif qui décidait Pothier; c'est que, d'après les règles de l'interprétation des conventions, quand une clause est susceptible de deux sens, on doit plutôt l'entendre dans celui avec lequel elle a quelque effet que dans le sens avec lequel elle n'en pourrait produire aucun. Cette règle d'interprétation des conventions, posée par Pothier dans le n° 92 de son *Traité des obligations,* a été consacrée par l'art. 1157, Cod. Nap.

2° Est privée du bénéfice de discussion la caution qui s'est obligée solidairement avec le débiteur. Cette excep-

tion est prévue par l'art. 2021. C'est encore une renontion tacite au bénéfice de discussion. Cette clause de solidarité est aussi devenue de style dans les actes notariés, et même dans la plupart de ces actes, conformément aux anciennes traditions, on joint à cette clause de solidarité celle de renonciation au bénéfice de discussion, ce qui est complètement inutile, puisque le législateur lui-même nous dit dans l'art. 2021 que la clause de solidarité emporte renonciation au bénéfice de discussion.

Lorsque la caution s'est obligée solidairement avec le débiteur, l'art. 2021 dit que l'effet de son engagement se règle par les principes qui ont été établis pour les dettes solidaires. On s'est demandé, sur cette disposition, si la caution solidaire doit être traitée à tous égards, dans ses rapports avec le créancier, comme un débiteur solidaire. Sans entrer dans l'examen de cette question qui exigerait de trop longs développements et qui, d'ailleurs, ne se rapporte pas directement aux divers bénéfices accordés aux cautions, je me bornerai à dire que, malgré les termes de l'art. 2021, je ne pense pas que la caution solidaire doive être complètement assimilée vis-à-vis du créancier à un débiteur solidaire, et je lui permettrais par exemple d'invoquer la disposition de l'art. 2037, c'est, du reste, un point sur lequel je reviendrai plus tard en parlant de cet art. 2037.

3° La caution judiciaire ne peut pas non plus demander la discussion du débiteur principal (art. 2042). Déjà, dans notre ancienne jurisprudence il en était ainsi (Pothier, *Obligations*, n° 408). Nos anciens auteurs disaient que la caution judiciaire pouvait être contrainte *de plein vol et sans discussion* au payement de la dette cautionnée;

l'art 2042 n'a fait que consacrer cette règle. Cette différence entre la caution judiciaire et la caution conventionnelle s'explique par deux motifs : d'une part, le
respect dû aux jugements veut qu'on ne puisse pas en
retarder l'exécution ; d'autre part, le créancier n'a pas pu,
comme dans le cas où il reçoit une caution conventionnelle, stipuler la renonciation du fidéjusseur au bénéfice de discussion et pourvoir ainsi à ses intérêts.

Une question plus douteuse dans notre ancienne jurisprudence était de savoir si le certificateur de la caution
judiciaire pouvait invoquer le bénéfice de discussion :
Louet pensait qu'il ne fallait pas le traiter mieux que la
caution qu'il garantissait ; Brodeau admettait l'opinion
contraire. L'art. 2043 a tranché la difficulté en ce sens,
que celui qui a simplement cautionné la caution judiciaire ne peut demander la discussion ni du débiteur
ni de la caution.

Une quatrième exception à la règle posée par l'article 2021, que le bénéfice de discussion appartient à
toutes les cautions, se trouve dans l'art. 142, C. Co., relativement au donneur d'aval. Il est aux termes de cet
article, tenu solidairement et par les mêmes voies que
les tireurs et endosseurs, sauf les conventions différentes
des parties.

Il résulte des exceptions que nous venons de voir,
ainsi que le fait remarquer M. Ponsot (Cautionnement,
n° 187), que la caution judiciaire n'aura jamais le bénéfice de discussion, la caution conventionnelle le conser-
vera rarement en fait ; mais aucune disposition de la loi
ne l'ayant enlevé à la caution légale, cette caution pourra
l'invoquer.

§ 2. *A quelle époque le bénéfice de discussion doit-il être invoqué (art. 2022).*

Le créancier n'est pas obligé de poursuivre le débiteur avant de s'adresser à la caution : il a le droit d'agir immédiatement contre celle-ci, et, s'il peut être renvoyé à discuter préalablement le débiteur principal, ce n'est que par une faveur particulière accordée à la caution. Le bénéfice de discussion n'a pas lieu de plein droit, il doit être invoqué par la caution et ne peut pas être suppléé d'office par le juge. Cela s'explique: la caution peut renoncer à ce bénéfice, et elle peut y renoncer soit tacitement, soit expressément ; lorsqu'elle ne l'invoque pas, il est raisonnable de présumer qu'elle veut renoncer à la protection que la loi lui accorde ,et cela est d'autant plus raisonnable que souvent elle n'a aucun intérêt à s'en prévaloir, par exemple dans l'hypothèse suivante : le débiteur a fourni au créancier une hypothèque sur son immeuble; c'est une première hypothèque, la valeur de l'immeuble est de beaucoup supérieure au montant de la dette. Le créancier s'adresse à la caution : celle-ci a précisément à sa disposition la somme nécessaire pour payer la dette, elle peut se libérer sans emprunter, sans se gêner, et j'ajouterai sans risques, car, grâce à la subrogation légale aux droits du créancier, elle rentrera dans ses déboursés: elle aura ainsi l'avantage d'être libérée envers le créancier et même d'avoir fait un placement avantageux. Le bénéfice de discussion doit donc être invoqué par la caution, mais à quel moment doit-il l'être? L'art. 2022 répond à cette question : « Le créancier n'est obligé de discuter le débiteur principal que lorsque la caution le requiert sur les premières poursuites dirigées contre elle. » Cette disposition est très-sage : si la caution ne proposait que tardivement son bénéfice, elle nuirait au créancier, dont elle retarderait le payement; elle nuirait au débiteur, en laissant faire des frais considérables qui en définitive retomberaient sur lui.

L'art. 2022 n'est pas arrivé immédiatement à sa rédaction actuelle. A l'origine, il disait seulement que « le créancier n'est obligé de discuter le débiteur principal que lorsque la caution le requiert, sans indiquer à quel moment cette réquisition devait être faite. C'est le Tribunat qui fit ajouter ces mots : *sur les premières poursuites dirigées contre elle.* « Si, en effet, disait-on, différentes poursuites ont eu lieu contre la caution, sans qu'elle ait requis la discussion des biens du débiteur, *elle est censée avoir renoncé à la faculté que la loi lui donne.* Le créancier ne doit pas être le jouet du caprice de la caution; il doit pouvoir achever la route dans laquelle le silence de la caution l'a laissé s'avancer. » (*Fenet, t.* 15, *p.* 28). Ces paroles nous montrent la pensée du législateur, il ne veut pas permettre à la caution d'user du bénéfice de discussion quand elle a agi de manière à faire croire qu'elle y a renoncé; et elle a agi de manière à faire croire qu'elle y a renoncé, quand elle ne l'a pas invoqué sur les premières poursuites dirigées contre elle. Ces poursuites peuvent être judiciaires ou extrajudiciaires ; parlons d'abord des poursuites judiciaires.

L'art. 2022 fait cesser une controverse qui divisait nos anciens auteurs. Ils se demandaient si l'exception de discussion pouvait être opposée en tout état de cause.

Pothier, suivant en cela la doctrine de Guy Pape et d'autres docteurs, voyait là une exception dilatoire, puisqu'elle ne tend qu'à différer l'action du créancier contre la caution jusqu'après la discussion du débiteur principal, et non à l'exclure entièrement, comme le ferait une exception péremptoire. D'après cela, Pothier, se fondant sur la loi 12, C., *De exceptionibus*, qui contient la règle commune aux exceptions dilatoires, veut qu'elle soit opposée avant la contestation en cause, c'est-à-dire sur les premières poursuites, et il ajoute que si le fidéjusseur a contesté au fond sans l'opposer, il n'y est pas recevable, étant censé en défendant au fond avoir tacitement renoncé à ces exceptions (Pothier, *Obligations*, n° 410).

Dans les travaux préparatoires nous trouvons cette doctrine de Pothier reproduite par M. Treilhard : « La caution, a-t-il dit, doit réclamer ce bénéfice dans le principe, toute exception étant couverte par une défense au fond » (Fenet, t. 15, p. 41).

Cependant, si telle était l'opinion de Pothier, on était loin dans l'ancien droit d'être d'accord sur ce point. Beaucoup d'auteurs, et parmi eux Dolive, liv. IV, ch. XXII, et Serre, p. 483, pensaient que l'exception de discussion pouvait être opposée en tout état de cause. Cette opinion a été formellement rejetée par l'art. 2022.

Toutefois, même depuis le Code, M. Pigeau, assimilant le bénéfice de discussion au bénéfice de division et se laissant dominer par d'anciens souvenirs, dit que la caution peut proposer le bénéfice de discussion en tout état de cause, même en cause d'appel. Cette opinion est en contradiction flagrante avec les termes de l'article 2022. En appel, on n'en est plus aux premières poursuites, et la caution a renoncé au bénéfice de discussion en se défendant par d’autres moyens.

Le créancier n’est obligé de discuter le débiteur principal que lorsque la caution le requiert sur les premières poursuites dirigées contre elle, c’est-à-dire, d’après Pothier dont, nous dit Malleville, les rédacteurs du Code ont voulu suivre l’opinion, avant la contestation en cause. Cependant il ne faut pas conclure de là que toute conclusion au fond fasse perdre le bénéfice de discussion. Cette décision serait trop rigoureuse.

Nous avons vu que la disposition finale de l’art. **2022** *sur les premières poursuites dirigées contre elle* avait été ajoutée sur les observations du Tribunat. Le Tribunat avait fait remarquer que le silence de la caution peut être considéré comme une renonciation à son bénéfice. D’après l’esprit de la loi, il appartient donc au juge d’examiner, selon les circonstances, si la caution qui n’a pas dès le premier moment invoqué le bénéfice de discussion doit être considérée comme y ayant renoncé. Cela étant, il semble impossible de déclarer déchue du bénéfice de discussion la caution qui a commencé par nier l’existence ou la validité du cautionnèment ; on ne peut pas conclure de cette contestation qu’elle a voulu renoncer au bénéfice de son exception; comment celui que le créancier attaque comme caution et qui conteste ce cautionnement pourrait-il opposer le bénéfice de discussion? Ce bénéfice est spécial aux cautions; l’invoquer, serait se reconnaître caution, et c’est là précisément ce que nie le défendeur. La caution ne doit donc pas être déchue du droit d’opposer le bénéfice de discussion quand elle a commencé par contester sa qualité de caution.

J'en dis autant du cas où elle a commencé par contester l'existence de l'obligation principale. En effet, pour qu'il y ait lieu d'invoquer le bénéfice de discussion, il faut qu'il y ait une caution, et pour qu'il y ait une caution, il faut qu'il y ait une dette principale ; nier l'existence de la dette principale, c'est nier l'existence du cautionnement.

Je crois donc qu'il faut admettre à opposer l'exception de discussion la caution qui a succombé dans le débat sur l'existence du cautionnement ou de la dette principale. Mais si la contestation roule sur la quotité de l'obligation principale, sur l'étendue des obligations de la caution, celle-ci doit commencer par opposer son bénéfice, sinon elle en est déchue ; elle est censée y avoir renoncé : car, après la discussion du débiteur, elle aurait toujours été à temps, en cas d'insuffisance des biens de ce débiteur, pour prétendre que le créancier demande plus qu'il ne lui est dû, ou que son engagement comme caution n'est pas aussi étendu que le soutient le créancier.

En résumé, voici, je crois, la règle d'interprétation que l'on doit admettre sur ce point. Pour que la caution ait perdu le bénéfice de discussion, il faut que l'on ne puisse pas concilier la contestation qu'elle a soulevée avec l'intention de conserver ce bénéfice ; tant qu'il y aura une conciliation possible, la caution sera recevable à invoquer son exception.

Pothier (n° 410, *Obligations*) se demandait si la caution qui a plaidé au fond serait encore recevable à opposer le bénéfice de discussion, si les biens dont elle demande la discussion n'étaient échus au débiteur principal qu'après la contestation en cause, par exemple par une succession qui lui serait échue depuis, et il décide l'affirmative, « car, dit-il, la règle que les exceptions dilatoires doivent être opposées avant la contestation en cause ne peut avoir lieu qu'à l'égard des exceptions déjà nées, et non à l'égard de celles qui ne sont nées que depuis, le défendeur ne pouvant pas être censé, lorsqu'il a défendu au fond, avoir renoncé à des exceptions qui ne sont nées que depuis. »

Cette opinion nous semble devoir être suivie encore aujourd'hui. Elle se justifie par l'esprit de la loi; on ne peut être censé avoir renoncé à un bénéfice qu'autant qu'on a négligé d'en user dans des circonstances où on l'aurait invoqué utilement.

Jusqu'ici nous avons supposé que le bénéfice de discussion se présentait sous la forme d'une exception ; mais il peut se présenter sous une autre forme, car une exception suppose une action, et quand le créancier est muni d'un titre exécutoire, il n'a pas besoin d'agir en justice contre la caution pour se faire payer ; dans ce cas, il ne peut pas être question d'exception. Cela nous amène aux poursuites extrajudiciaires et à l'examen de la question de savoir à quel moment précis, dans le cas de poursuites extrajudiciaires, la caution a perdu le bénéfice de discussion. Le créancier poursuit la saisie des meubles et des immeubles de la caution ; à quelle période des poursuites dirigées contre elle a-t-elle perdu le droit d'opposer le bénéfice de discussion? Pothier ne traitait pas cette question. L'art. **2022** répond que la caution doit opposer son bénéfice sur les premières poursuites : que faut-il entendre par là? Faut-il que ce soit au moment même où le commandement lui est fait? Évidemment non : à ce moment, la caution peut être absente ou empêchée, son silence ne peut pas s'interpréter comme une renonciation. Je crois que l'on peut appliquer par analogie l'art. 159, C. Pr., qui indique jusqu'à quel moment le jugement par défaut contre partie qui n'a pas constitué avoué pourra être attaqué par la voie de l'opposition, et je pense que la caution pourra invoquer son bénéfice jusqu'à ce qu'il y ait eu un acte duquel résulte nécessairement pour elle la connaissance de l'exécution.

§ 3. — *Conditions auxquelles est soumis l'exercice du bénéfice de discussion, et biens qui peuvent être indiqués* (art. 2023).

Si la caution mérite une protection particulière, il ne faut pas qu'elle puisse se prévaloir du bénéfice de discussion pour arrêter sans motifs l'action du créancier; les rédacteurs du Code ont dû chercher à prévenir les abus, et pour cela ils ont soumis à certaines conditions l'exercice de ce bénéfice.

Ces conditions sont énumérées dans l'art. 2023 :

1° La caution doit indiquer au créancier les biens qu'elle veut faire discuter;

2° Elle ne peut indiquer que les biens qui réunissent certaines qualités;

3° Enfin, elle doit avancer les deniers nécessaires pour faire la discussion.

Justinien exigeait de plus que le débiteur principal ne

fût pas absent, à moins que le fidéjusseur n'offrît de le représenter dans un bref délai qui lui serait donné par le juge. Cette condition tenait à la difficulté qu'il y avait en droit romain à discuter un absent; elle avait pour but de ne pas permettre d'entraver trop gravement l'action du créancier. Ces inconvénients ne se présentent plus chez nous : les assignations et significations à domicile ayant dans le droit français les mêmes effets que celles faites à la personne, il est aussi facile de discuter un débiteur lorsqu'il est absent que lorsqu'il est présent. Loyseau et Pothier, dans notre ancienne jurisprudence, faisaient déjà cette remarque (Pothier, *Obligations*, n° 409), et le Code n'a pas exigé cette condition de la présence du débiteur.

Reprenons successivement les différentes dispositions de l'art. 2023.

Et d'abord, il faut que la caution indique les biens qu'elle veut faire discuter. Cette exigence de la loi s'explique très-bien. La caution ne doit pas abuser de la faveur qui lui est faite pour chercher à gagner du temps et arrêter mal à propos les poursuites du créancier en le renvoyant à une discussion illusoire; or, elle ne prouve l'utilité de la discussion qu'en indiquant des biens du débiteur suffisants pour acquitter la dette, au moins en partie.

Pothier (*Obligations,* n° 411) nous apprend que de son temps le créancier était obligé, sans aucune indication, et dès que le bénéfice de discussion était invoqué, de discuter les meubles qui se trouvaient au domicile du débiteur. Si à ce domicile il n'y avait pas de meubles saisissables, ou si les meubles qui s'y trouvaient étaient insuffisants pour acquitter la dette, alors seulement commençait pour la caution la nécessité de faire l'indication des biens. Cette distinction entre les meubles et les immeubles n'a pas été reproduite par l'art. 2023; la caution devra donc, en invoquant son bénéfice, indiquer les biens qu'elle veut faire discuter. Du reste, ces biens peuvent être meubles ou immeubles, hypothéqués ou non à la dette; l'art. 2023 est conçu de la manière la plus générale. Peu importe aussi que les biens indiqués suffisent ou non pour désintéresser complétement le créancier; si le produit de la discussion ne suffit pas pour le payer intégralement, il aura son recours contre la caution.

La caution peut aussi indiquer tout ou partie des biens du débiteur; mais, dans ce dernier cas, elle fera bien de peser avec soin la valeur de ceux qu'elle indique, car dès qu'une première indication aura été faite, elle n'en pourra pas faire une seconde; ce serait un moyen d'éterniser les procédures. L'ancien droit voulait déjà que l'indication fût faite en une fois; nous trouvons cette règle dans le traité des *Obligations* de Pothier (n° 411), qui cite à l'appui les arrêtés de Lamoignon et un arrêt du 20 janvier 1701, rapporté par Bretonnier sur Henrys. Les rédacteurs du Code n'ont fait aucune disposition formelle sur ce point, mais ils ont évidemment voulu suivre la doctrine de Pothier; la raison qui déterminait Pothier existe encore : il ne faut pas que les procédures soient trop longues. Cette solution résulte d'ailleurs implicitement des termes de l'art. 2022, d'après lequel le bénéfice de discussion doit être opposé sur les premières poursuites.

Le législateur exige en second lieu que les biens

indiqués ne soient pas d'une discussion trop difficile, et cela toujours dans le but de ne pas nuire au créancier par un excès d'indulgence pour la caution. De là, une série de qualités que doivent avoir les immeubles dont la discussion est requise.

Le deuxième alinéa de l'art. 2023 est ainsi conçu : « Elle ne doit indiquer ni des biens du débiteur principal situés hors de l'arrondissement de la Cour royale du lieu où le payement doit être fait, ni des biens litigieux, ni ceux hypothéqués à la dette qui ne seraient plus en la possession du débiteur. »

Il ne faut pas que les immeubles soient trop éloignés ; la loi veut que la caution indique seulement des biens situés dans le ressort de la Cour du lieu où le payement doit être fait.

Cette condition a son origine dans notre ancien droit. Pothier (*Obligations*, n° 412) disait que le créancier ne pouvait pas être obligé à la discussion des biens du débiteur situés hors du royaume ; le Code a été plus sévère, il s'est rapproché de l'opinion de M. de Lamoignon, qui voulait que les biens indiqués ne fussent pas situés dans le ressort d'un autre parlement.

Au conseil d'État, Cambacérès réclama contre cette disposition ; mais M. Bigot Préameneu lui répondit qu'il avait toujours été admis que le créancier n'était pas tenu de discuter des biens situés à une si grande distance, que la discussion en fût trop dispendieuse et trop embarrassante (Fenet, t. 15, p. 16).

Par la même raison, et même par *a fortiori*, il faut que les biens indiqués ne soient pas litigieux. Ces biens offrent peu de garanties, et leur poursuite entraîne une foule de difficultés qui retarderaient indéfiniment le payement du créancier. Le président Fabre a très-bien dit que le créancier ne devait pas être forcé de recevoir des procès en payement : *Ne alioquin pro pecunia litem accipere cogantur*. Pour savoir si les biens sont litigieux, il ne faudra pas se reporter à la définition que donne l'art. 1700 pour le cas spécial de la cession des droits litigieux : il n'est pas nécessaire qu'il y ait procès et contestation sur le fond du droit ; il suffit que l'on puisse prévoir qu'il y aura un débat sur le bien pour que le créancier le fasse retrancher de l'indication.

L'art. 2023 veut encore que le créancier ne puisse pas être renvoyé à discuter les biens, même hypothéqués à la dette, qui ne seraient plus en la possession du débiteur.

Cette disposition fut vivement attaquée par le tribun Goupil de Préfeln : « Qu'importe, disait-il, que les biens se trouvent dans la possession de telle personne que ce soit, si, comme le projet le suppose, ils n'ont pas cessé d'être hypothéqués à la dette, et s'ils le sont encore ? »

« Sans cette hypothèque la caution n'aurait pas consenti l'obligation à laquelle elle s'est soumise ; et, de caution simple, elle ne peut pas devenir caution solidaire, ou, ce qui équivaut, elle ne peut pas être privée du bénéfice de discussion par un acte qui est le fait d'autrui, qu'elle n'a pu ni prévenir, ni empêcher, et qui ne change rien ni au sort, ni aux droits d'aucun des intéressés » (*Fenet, t.* 1, *p.* 66).

« L'action hypothécaire est foncière de sa nature, et, pour l'exercer, il n'importe quel est le propriétaire actuel de l'immeuble hypothéqué » (*Fenet, t.* 15, *p.* 68).

M. Chabot se chargea de défendre l'article, et voici sa réponse : « La discussion qu'il est permis à la caution de demander ne doit être ni longue, ni difficile : l'équité le veut ainsi ; les auteurs n'ont cessé de le réclamer, et les tribunaux l'ont décidé constamment. »

« Ne serait-ce donc pas exposer le créancier à une discussion longue et difficile, que de le forcer à discuter des biens qui ne seraient plus dans la possession du débiteur? N'aurait-il pas des contestations sans nombre à soutenir, et avec les nouveaux détenteurs de ces biens, et avec les créanciers? Des demandes en désistement, des expropriations forcées, des instances d'ordre, ne sont-ce pas là des procès? Et pourquoi forcerait-on le créancier à en subir toutes les longueurs et tous les désagréments pour les intérêts de la caution? Ce serait lui faire acheter bien cher le bénéfice du cautionnement » (*Fenet*, t. xv, p. 71).

M. Goupil de Préfeln avait déjà répondu en prévision de ces arguments : « Le créancier hypothécaire ne peut empêcher que, dans le cas d'une expropriation forcée, il y ait un état d'ordre qui aurait également lieu quand le débiteur serait encore possesseur du bien hypothéqué à la dette. Tout ce qui l'intéresse, c'est d'être employé dans cet état à un rang utile. L'aliénation ne lui porte aucun préjudice, si son hypothèque a conservé sa date et son privilége » (*Fenet,* t. xv, p. 67).

Malgré ces raisons, M. Chabot l'emporta, et il n'est pas permis à la caution de renvoyer le créancier discuter les biens même hypothéqués à la dette qui ne sont plus dans les mains du débiteur.

Sur ce point encore l'art. **2023** ne fait que reproduire

l'ancienne jurisprudence ; mais le motif sur lequel s'appuyait l'ancienne jurisprudence n'a pas été reproduit dans la discussion qui s'est élevée et que nous avons rapportée sur l'art. 2023 : elle se fondait sur ce que le tiers détenteur des immeubles hypothéqués n'étant pas personnellement obligé à la dette était préférable à la caution personnellement obligée ; et nous voyons dans le *Traité des obligations* de Pothier, n° 412, que c'étaient au contraire les tiers détenteurs qui avaient le droit de renvoyer les créanciers hypothécaires à la discussion du débiteur principal et de ses cautions. Nous verrons plus tard si cette doctrine doit encore être admise aujourd'hui.

Sur ces mots *les biens du débiteur* s'élève une question : Plusieurs débiteurs ont contracté une obligation solidaire, et l'un d'eux a donné une caution ; celle-ci peut-elle renvoyer le créancier à la discussion non-seulement du débiteur qu'elle a cautionné, mais encore des autres ?

Nous examinerons cette question sur l'art. 2030 qui peut servir à la résoudre.

Quand le créancier prétend que la discussion n'a rien produit ou n'a produit qu'une somme insuffisante pour le désintéresser, il doit rapporter les pièces à l'appui de son allégation, procès-verbaux de carence, d'adjudication, etc.

Dans le dernier cas, si la discussion n'a produit qu'une partie de la somme due, il peut s'élever des questions d'imputation dont la solution importe grandement à la caution.

Supposons que la dette soit de 10,000 fr. et que le cautionnement ne porte que sur 5,000 ; la discussion du débiteur n'a produit que 5,000, le créancier aura-t-il re-cours contre la caution pour le reste de la dette? Un arrêt de la 2ᵉ chambre des enquêtes de Paris a décidé, le 3 août 1709, que dans ce cas le créancier n'a pas de recours contre la caution. Cet arrêt est motivé sur ce que le payement doit être imputé sur la dette la plus onéreuse (loi 3, *De solutionibus*, D.), et sur ce que la dette garantie par un cautionnement est plus onéreuse que celle qui ne l'est pas, (Loi 4 de *solutionibus* D.). Cette décision ne doit pas être admise ; les règles de l'imputation des paye-ments sur lesquelles elle s'appuie ne sont pas applica-bles ici : elles supposent plusieurs dettes, et dans l'hypo-thèse il n'y en a qu'une. Cette décision serait d'ailleurs contraire à l'intention des parties. Le créancier en se fai-sant donner caution pour une partie de la dette, a voulu se faire garantir jusqu'à concurrence de la somme cau-tionnée de la perte qui pourrait résulter pour lui de l'in-solvabilité partielle du débiteur ; il a prévu le cas où le débiteur ne pourrait pas payer plus de 5,000 fr. dans l'es-pèce, et a voulu se réserver le droit de demander le sur-plus à la caution ; mais il n'a pas entendu que cette cau-tion serait libérée dès que le débiteur aurait payé 5,000 francs.

Autre question d'imputation. La dette cautionnée porte intérêts, mais la caution n'a promis que le paye-ment du capital ; le produit de la discussion doit-il s'im-puter sur le capital pour servir à la décharge de la cau-tion, ou doit-il s'imputer d'abord sur les intérêts, puis sur le capital? Cujas et Basnage prétendaient qu'il fallait faire l'imputation sur le capital, et, si on leur objectait la loi 68, § 1, *De fidéj.*, D., qui décide le contraire, ils

répondraient que c'était une décision tout exceptionnelle, motivée par la faveur du fisc. Mais cette loi s'explique très-bien sans qu'on soit obligé d'y voir une dérogation aux principes : c'est une application de cette
règle que le payement, fait par le débiteur sur le capital
et les intérêts doit s'imputer d'abord sur les intérêts :
Prius in usuras nummum acceptum soluto ferendum
(loi 5, § 2, *De solutionibus*, D.). Cette règle sur l'imputation des payements a passé dans notre droit actuel
(art. 1254 C. Nap.). Aussi faut-il admettre encore aujourd'hui la décision donnée par la loi 68, § 1, *De fidej.*,
D, et dire que le produit de la discussion doit être imputé d'abord sur les intérêts. Il n'y a pas de motifs pour
renoncer ici à la règle du droit commun dans l'intérêt
des cautions.

Passons à la troisième condition qu'impose à la caution l'art. 2023 : l'avance des deniers nécessaires pour
faire la discussion.

Cette règle qui existait déjà dans notre ancienne jurisprudence, au moins pour la discussion des immeubles,
fut vivement attaquée au Tribunat par M. Goupil de
Préfeln. Il demandait pourquoi la caution dont l'intervention n'est pas moins dans l'intérêt du créancier que
du débiteur était l'objet d'une défaveur exceptionnelle ;
il faisait remarquer que le défendeur qui a un garant ne
peut pas demander à celui-ci l'avance des frais nécessaires pour la défense. Il disait que cette avance de deniers imposée à la caution rendrait le bénéfice de discussion tellement onéreux que jamais il ne serait invoqué. Enfin il objectait qu'il pourrait surgir de graves
difficultés pour fixer le montant des avances à faire et

déterminer entre les mains de qui ces avances seraient déposées (*Fenet*, 15, *pages* 61 *et suiv.*).

M. Chabot répondit que le bénéfice de discussion était exclusivement dans l'intérêt de la caution, à qui il procurait, sinon une libération, au moins un délai; que dèslors il était juste que cette caution fît l'avance des frais (*Fenet., t.* 15, *p.* 70).

Quant aux difficultés pratiques sur le montant des avances à faire et sur le point de savoir entre les mains de qui elles seraient déposées, M. Chabot dit que ces points seraient réglés dans le Code de procédure (*Fenet,* t. 15, p. 70).

Ces raisons convainquirent le Tribunat, qui admit l'article 2023 tel qu'il avait été proposé. On peut remarquer que cet article va plus loin que l'ancien droit. Pothier (*Obligations* n° 413) nous apprend que la caution n'était obligée d'avancer les frais que pour la discussion des immeubles, plus dispendieuse que celle des meubles. L'article 2023 ne distingue pas et la caution doit faire l'avance, qu'il s'agisse de meubles ou d'immeubles; dans les deux cas, la discussion est dans l'intérêt du fidéjusseur.

Il faut remarquer, en second lieu, que le Code de procédure n'a pas tranché, ainsi que l'avait promis M. Chabot, les difficultés qui pourraient naître, soit sur l'avance, soit sur la détermination de la personne à qui les deniers seraient remis. Mais cette omission a peu d'importance, car si les parties ne s'entendent pas sur le montant des avances, le chiffre en est fixé par les tribunaux, qui statuent sur les offres faites par la caution. Quant à la personne à qui les deniers doivent être remis, les tribunaux décideront suivant les circonstances. Tantôt ils ordonneront le versement des deniers au créancier sur récépissé, tantôt ils ordonneront la consignation. Il n'y a donc pas là de difficultés sérieuses ; d'ailleurs, les entraves auxquelles la loi a soumis notre bénéfice en rendent l'exercice si peu fréquent qu'il n'était pas indispensable d'en organiser la procédure.

§ IV. — *Lorsque la caution a rempli les conditions qui lui sont imposées, sur qui doivent retomber les conséquences de l'insolvabilité du débiteur quand il y a eu négligence du créancier à le poursuivre.* (art. 2024.)

La caution a requis la discussion du débiteur, a indiqué les biens à discuter, a fait l'avance des frais ; le créancier n'a pas poursuivi immédiatement le débiteur qui devient insolvable ; sur qui retombent les conséquences de cette insolvabilité ? Sur le créancier ou sur la caution ?

Il y avait controverse dans l'ancien droit. Pothier (*Obligations* n° 414) soutenait que c'était sur la caution ; il disait que la *Novelle* 4, en donnant à la caution le bénéfice de discussion, ne lui avait pas permis de limiter le temps pendant lequel le créancier pouvait agir ; tout ce qu'avait fait Justinien, c'était de permettre au fidéjusseur d'arrêter les poursuites du créancier tant qu'il ne s'était pas adressé au débiteur principal et n'avait pas discuté ses biens ; la caution, d'ailleurs, si elle craignait le cas d'insolvabilité qui est arrivé, pouvait poursuivre elle-même le débiteur, comme elle en avait le droit dès qu'elle avait été assignée. Pothier appuyait son opinion de celle de Henrys et du barreau de Paris.

Cette opinion n'était pas universellement admise ; l'article 192 de la nouvelle coutume de Bretagne décidait au contraire que l'insolvabilité du débiteur devait retomber sur le créancier. Pothier citait cette disposition, mais prétendait qu'elle devait être restreinte à son territoire. L'art. 2024 a tranché cette controverse dans le sens de la coutume de Bretagne, il est ainsi conçu : « Toutes les fois que la caution a fait l'indication de biens autorisée par l'article précédent, et qu'elle a fourni les deniers suffisants pour la discussion, le créancier est, jusqu'à concurrence des biens indiqués, responsable à l'égard de la caution, de l'insolvabilité du débiteur survenue par le défaut de poursuites. »

Ainsi, lorsque le bénéfice de discussion a été invoqué et que les conditions de l'art. 2023 ont été remplies, la position du créancier est notablement modifiée. Jusquelà le créancier pouvait négliger impunément de poursuivre le débiteur ; mais, à partir de ce moment, il y a pour le créancier obligation d'agir ; son inaction est une faute dont il doit subir les conséquences.

Lorsque la caution a indiqué les biens et fourni les deniers suffisants pour la discussion, le créancier est devenu en quelque sorte son mandataire à l'effet de poursuivre le débiteur, et s'il y met de la négligence, il est, comme tout mandataire, responsable des suites de cette négligence (*Fenet,* t. 15, p. 21).

A l'origine, l'art. 2024 n'était pas rédigé comme maintenant ; il portait que « si le créancier avait accepté les deniers pour la discussion des biens indiqués, il serait responsable de l'insolvabilité survenue par le défaut de poursuites. » (Art. 15 *du projet.*)

Cette rédaction pouvait faire naître des doutes sur le point de savoir si le créancier devait être responsable, soit qu'il eût accepté spontanément les deniers fournis par la caution, soit que, sur son refus de les recevoir, ces deniers eussent été consignés. L'acceptation, en effet, peut être volontaire ou forcée, puisque le créancier n'a pas le droit de refuser des offres déclarées valables par la justice.

Le premier Consul fit cette observation; il admettait bien que si le créancier avait accepté spontanément les deniers, il était censé avoir voulu prendre à sa charge jusqu'à concurrence des biens indiqués, les risques de l'insolvabilité future du débiteur; « mais, ajoutait-il, si la caution, prévoyant l'insolvabilité du débiteur principal, se presse de requérir la discussion, indique les biens, et, sur le refus que fait le créancier de recevoir l'avance des frais, les consigne, le créancier devra-t-il être victime de cette sorte de fraude? » Pour éviter les conséquences de cette sorte de fraude, il demandait que la caution qui avait consigné les fonds fût responsable de l'insolvabilité du débiteur pendant les trois mois qui suivraient la réquisition de la discussion, l'indication des biens et le payement des avances (*Fenet,* t. 15, p. 19 et 20).

Cette observation fit renvoyer l'article à la section de législation; mais, dans la rédaction définitive, la section n'a pas reproduit la distinction proposée par le premier Consul : elle a fait disparaître l'obscurité de l'article en substituant les mots *deniers fournis* aux mots *deniers acceptés;* et, au lieu de rendre la caution responsable de l'insolvabilité survenue dans un certain délai, elle a laissé aux tribunaux le soin d'apprécier d'après les circonstances, si le défaut de payement par suite de l'insolvabilité du débiteur peut être considéré comme résultant de la négligence du créancier à poursuivre. L'art. 2024 ne met à la charge du créancier que le défaut de poursuites en temps opportun. Même, si le créancier n'avait pas commencé de poursuites, il faudrait voir si l'insolvabilité n'était pas antérieure, de sorte que les poursuites eussent été inutiles, ou si l'insolvabilité n'est pas arrivée avec une rapidité telle que le créancier n'ait pas eu le temps d'agir. Pour l'application de l'art. 2024, il faut que ce soit la négligence du créancier à poursuivre qui ait amené le non payement de la dette.

Ajoutons, en terminant ce qui concerne le bénéfice de discussion, que tout ce que nous avons dit de ce bénéfice peut s'appliquer au certificateur de la caution. Le certificateur joue le rôle de caution dans ses rapports avec la caution, qui devient alors pour lui un débiteur principal.

CHAPITRE II.

Bénéfice de division.

Ce bénéfice fait l'objet des articles 2025, 2026 et 2027.

« Lorsque plusieurs personnes, dit l'art 2025, se sont rendues cautions d'un même débiteur, pour une même dette, elles sont obligées chacune à toute la dette. »

En cela les cautions diffèrent des débiteurs principaux; car si plusieurs personnes contractent une obligation conjointement, mais sans solidarité, chacune n'est tenue que

pour sa part virile. Après avoir posé ce principe, le législateur se hâte d'en tempérer la rigueur, en donnant
aux cautions le bénéfice de division « Néanmoins chacune
d'elles peut, à moins qu'elle n'ait renoncé au bénéfice de
division, exiger que le créancier divise préalablement
son action et la réduise à la part et portion de chaque
caution » (art. 2026, 1er alinéa).

Toute cette législation est profondément empreinte
des souvenirs du droit romain : ce sont bien là les fidéjusseurs tenus chacun pour le tout (*Inst. de fidej.*, § 4).
C'est bien là aussi le bénéfice de division introduit par
un rescrit d'Adrien.

Du droit romain le bénéfice de division passa dans
notre ancienne jurisprudence et de là dans le Code; mais
les dispositions des art. 2025 et 2026, soulevèrent au Tribunat une vive opposition. On fit observer que les cautions, malgré la faveur qu'on paraissait leur accorder,
étaient moins bien traitées que les débiteurs conjoints
ordinaires; entre eux, la dette se divise de plein droit,
qu'ils soient solvables ou non, tandis que les cautions,
même en demandant la division, restent chargées de la
part de celles qui sont insolvables au moment où le bénéfice est invoqué. « Le projet, ajoutait-on, admet la caution au bénéfice de division lorsqu'elle n'a pas renoncé
à ce bénéfice; seulement il exige que la caution le demande. Il serait plus simple que la division eût lieu de
plein droit, toutes les fois qu'il n'y aurait pas de renonciation, si la caution peut obtenir ce bénéfice dans un
temps, on ne voit pas pourquoi elle ne l'aurait point dans
un autre; ou au contraire, s'il répugne que la division
ait lieu de plein droit parce que chaque caution s'est

obligée pour le tout, cette raison devrait également empêcher qu'en aucun temps le bénéfice de division dût être accordé. » On proposait de substituer aux art. 2025 et 2026 la disposition suivante: « Lorsque plusieurs personnes se sont rendues cautions du même débiteur pour la même dette, si elles ne se sont pas obligées solidairement, chacune d'elles n'est tenue que de sa part et portion de la dette , sans être garante de l'insolvabilité ni de l'incapacité des autres cautions » (*Fenet., t. 15, p.* 29).

Mais il fut répondu que, d'après la nature du cautionnement, les cautions s'obligeaient à tout ce que devait le débiteur principal ; que cela résultait de la définition même du cautionnement, et que le bénéfice de division n'était qu'une faveur qui devait être demandée (*Fenet., t. 15, p.* 29 et 30).

La question fut mise aux voix ; il y eut partage, et ce partage fit triompher les anciennes traditions.

Chez nous, comme à Rome, chacun des cofidéjusseurs est donc tenu *in solidum;* mais il a le droit, lorsqu'il est poursuivi, de demander la division.

Nous examinerons successivement les quatre points suivants :

1° Quelles personnes peuvent ou non opposer le bénéfice de division.

2° Entre qui la dette doit être divisée.

3° Quand l'exception de division doit être invoquée.

4° Quels sont les effets de la division, opérée soit sur la demande de la caution, soit spontanément par le créancier.

§ 1er. — *Quelles personnes peuvent ou non invoquer le bénéfice de division.*

Lorsque plusieurs cautions se sont engagées pour le même débiteur et pour la même dette, elles ont le bénéfice de division (art. 2025 et 2026 combinés); mais ce bénéfice n'est pas d'ordre public, la loi permet aux cautions d'y renoncer (art. 2026). Cette disposition de l'art. 2026, diminue beaucoup l'importance du bénéfice de division et rend très-rares en fait les hypothèses dans lesquelles il peut s'exercer. Ordinairement, en effet, les créanciers, en exigeant l'intervention de plusieurs cautions, les feront renoncer à demander la division pour le cas où elles seraient poursuivies. Ces clauses de renonciation sont même devenues de style: il est très-rare qu'elles ne se trouvent pas dans les actes notariés.

La renonciation peut être non-seulement expresse, mais tacite. Elle résulte implicitement de ce que les cautions se sont obligées solidairement soit entre elles, soit avec le débiteur principal. Entre elles cela ne peut pas faire de doute; la loi n'a pas même pris la peine de le dire, le mot solidarité est par lui-même exclusif de l'idée de division.

Mais il doit en être encore de même quand les cautions se sont obligées solidairement avec le débiteur principal; l'art. 2021 qui prévoit ce cas n'en fait résulter explicitement, il est vrai, que la renonciation au bénéfice de discussion; mais la fin de cet article nous dit que l'engagement de la caution solidairement obligée doit se régir par les principes établis pour les dettes solidaires, c'est-à-dire que la caution doit pouvoir être contrainte à payer par des moyens aussi énergiques qu'un débiteur solidaire, et la division entrave l'action du créancier, l'oblige à multiplier ses poursuites, retarde son payement.

Cependant, si au point de vue du bénéfice de division le résultat est le même, que les fidéjusseurs s'obligent solidairement entre eux ou solidairement avec le débiteur principal, il y a des différences à d'autres égards. Quand les cautions se sont obligées solidairement entre elles, elles ont bien renoncé au bénéfiée de division, mais non pas à celui de discussion ; si elles se sont obligées solidairement non-seulement entre elles, mais avec le débiteur principal, elles ont renoncé tout à la fois au bénéfice de division et à celui de discussion.

Les cautions judiciaires dans l'ancien droit n'avaient pas le bénéfice de division ; c'était l'opinion de Basnage reproduite par Pothier (*Obligations,* n° 416). Nous n'appliquerons pas cette règle aujourd'hui, par la raison que le législateur qui, dans l'art. 2042, refuse aux cautions judiciaires le bénéfice de discussion, n'a pas parlé du bénéfice de division : il a donc voulu sur ce point laisser subsister le droit commun.

Pothier (*Obligations,* n° 416), d'après les lois romaines, refusait également ce bénéfice aux cautions qui avaient nié de mauvaise foi leur obligation : *Infitiantibus auxilium divisionis non est indulgendum* (loi 10, § 1, *De fidej.,* D.). C'était là une disposition rigoureuse et pénale du droit romain et de notre ancien droit ; le Code ne l'a pas reproduite, dans le silence de la loi il ne faut pas l'appliquer.

Enfin, je termine sur ce point en disant avec Pothier

(*Obligations*, n° 417) que non-seulement les cautions, mais leurs héritiers peuvent user de ce bénéfice, et que le certificateur de la caution, pouvant opposer les mêmes exceptions que cette caution, peut demander la division de la dette entre lui et les cofidéjusseurs de celui qu'il a certifié.

§ II. — *Entre qui l'action du créancier doit être divisée.*

Deux règles dominent cette matière; elles résultent de la combinaison des art. 2025 et 2026.

La première, c'est que la division ne se fait qu'entre les fidéjusseurs d'un même débiteur pour la même dette.

La seconde, c'est qu'elle ne se fait qu'entre cofidéjusseurs solvablés.

Voyons quelques conséquences de ces deux règles.

Première règle : la division ne se fait qu'entre les fidéjusseurs d'un même débiteur pour la même dette.

Il résulte de là que s'il n'y a qu'une caution et un certificateur, le bénéfice de division ne peut être invoqué ni par l'un, ni par l'autre, car ils n'ont pas cautionné le même débiteur; d'ailleurs, comment la caution pourrait-elle faire diriger des poursuites contre le certificateur? Elle est à son égard débiteur principal et lui doit garantie. Le certificateur de son côté ne peut pas davantage demander la division, car la caution ne peut pas demander la division entre elle et le débiteur principal, et la caution qu'il a certifiée est pour lui un débiteur principal. Par ce même motif le certificateur peut demander la discussion de la caution et peut aussi, mais du chef de celle-ci, renvoyer le créancier discuter le débiteur principal ; la caution a ce bénéfice, et son certificateur ne doit pas être tenu plus rigoureusement qu'elle (art. 2013).

Voici une autre conséquence de la même règle. Primus et Secundus, débiteurs principaux, se sont obligés solidairement; ils ont donné chacun un fidéjusseur. Primus s'est fait cautionner par Pierre et Secundus par Paul; Pierre et Paul ne peuvent pas demander la division entre eux, car là encore ils n'ont pas cautionné le même débiteur, et c'est une des conditions prescrites par l'article 2025. Nous avons déjà vu cette décision en droit romain dans la loi 51, § 2, *De fidej.*, D. Nous la trouvons dans Pothier (*Obligations,* n° 419).

Passons à la seconde règle : La division n'a lieu qu'entre les cofidéjusseurs solvables.

L'art. 2025 établit que les cautions qui sont intervenues pour le même débiteur et pour la même dette sont tenues chacune au payement de toute la dette. Le bénéfice de division établi par l'art. 2026 ne détruit pas complétement cette obligation *in solidum,* car la caution qui l'invoque doit supporter contributoirement avec les autres fidéjusseurs solvables la part des insolvables. L'art. 2026, deuxième alinéa, nous dit : « Lorsque, dans le temps où une des cautions a fait prononcer la division, il y en avait d'insolvables, cette caution est tenue proportionnellement de ces insolvabilités. » Si donc parmi les cautions il y en a dont l'insolvabilité est notoire au moment où l'exception de division est opposée à l'action du créancier, la part contributoire de celles qui sont solvables devra se calculer comme si elles avaient toujours été seules. C'est là une grande différence entre cette division et celle qui a lieu de plein droit entre les co-débiteurs simplement conjoints ; quand il s'agit de co-débiteurs conjoints l'insolvabilité est à la charge du créancier.

Mais si parmi les cautions il y en avait qui, sans être notoirement insolvables, sont d'une solvabilité douteuse, le tribunal devant qui le bénéfice de division est invoqué doit-il refuser de diviser l'action jusqu'à ce que la caution qui réclame la division ait prouvé la solvabilité de ses cofidéjusseurs ? Non, le tribunal ne peut pas refuser la division ; l'art. 2026 en donnant à la caution le béné-fice de division n'y a pas mis cette condition, qu'elle prouve la solvabilité de ses cofidéjusseurs. Dès qu'elle offre sa part dans la dette elle peut demander qu'avant faire droit aux conclusions du créancier pour le surplus, celui-ci discute les cautions dont la solvabilité est dou-teuse. Et même, il faut le remarquer, la caution est mieux traitée ici qu'en ce qui concerne le bénéfice de discussion ; elle n'a pas à indiquer les biens à discuter, ni à faire l'avance des frais de poursuites. Nulle disposi-tion dans la loi n'a reproduit les exigences de l'art. 2023. Seulement, dans cette hypothèse, si les biens des cau-tions discutées ne produisent pas une somme suffisante pour désintéresser le créancier et l'indemniser des frais de poursuites, ce créancier reviendra contributoirement contre les cautions solvables, les recherchera, dit l'ar-ticle 2026, pour se faire payer de sa dette et rembourser les frais occasionnés par la discussion.

Il est bien entendu qu'il faut considérer comme solva-bles les cautions qui, ne l'étant pas par elles-mêmes, le sont par leurs certificateurs. Pothier le disait déjà (*Obliga-*

tions, n° 420), et il avait puisé cette règle dans la loi 27, §. 2, *De fidej.*, D.

La division n'a lieu qu'entre les cautions solvables; mais à quel moment faut-il que cette solvabilité existe? En droit romain, c'était lors de la *litis contestatio;* cette époque n'ayant plus chez nous la même importance que dans la législation romaine, il fallait en fixer une autre. L'art. 2026, 2ᵉ alinéa, établit que la solvabilité doit exister dans le temps où la caution a fait prononcer la division. Les termes de cet article peuvent donner lieu à quelque difficulté d'interprétation. Si l'on s'en tient rigoureusement à la lettre de la loi, il semble que la solvabilité doive exister au jour où le jugement est rendu : ce serait là une dérogation inexplicable au droit commun. La règle est qu'on place toujours le demandeur dans la même situation que si le jugement avait été rendu le jour même de la demande, c'est-à-dire qu'on fait rétroagir le jugement au jour de la demande ; il ne faut pas que les lenteurs de la procédure, qui souvent tiennent à la mauvaise foi du défendeur, nuisent au demandeur. Il doit en être de même ici ; le jugement doit être réputé rendu au moment où l'exception a été proposée ; il ne faut pas que les mauvaises chicanes du créancier nuisent à la caution.

Faut-il assimiler à l'insolvabilité cette circonstance que la caution, avec qui la division est demandée, est domiciliée à l'étranger, ce qui rend plus difficiles les poursuites dirigées contre elle? Cette question était débattue dans l'ancien droit. Papon et Pothier (*Obligations,* n° 423) soutenaient qu'il fallait traiter cette caution comme insolvable, et que l'autre caution poursuivie par le créancier ne pouvait pas demander la division avec elle ; ils partaient de cette idée que le bénéfice de division étant une faveur, il ne faut l'accorder à la caution que si le créancier n'en souffre pas trop d'incommodité.

Je crois que tout doit se résoudre par une distinction : si la personne domiciliée à l'étranger a des biens en France, la division peut être demandée; car l'art. 2026 ne refuse le bénéfice de division que dans le cas d'insolvabilité, et il ne faut pas facilement étendre ce refus d'un cas à l'autre. Mais si l'étranger n'avait rien en France, on pourrait le considérer comme insolvable, même quand il aurait dans son pays des biens considérables ; il ne faut pas forcer le créancier à subir les difficultés de la procédure longue, dispendieuse, souvent insoluble, des pays étrangers. La solvabilité que la loi considère est la solvabilité en France. Si le créancier a exigé l'intervention d'une autre caution, c'est que la garantie résultant du cautionnement de cette personne domiciliée à l'étranger ne lui a pas paru suffisante.

Comment les choses vont-elles se passer si deux personnes ont cautionné la même dette et le même débiteur; mais l'une est capable, l'autre incapable, la première pourra-t-elle demander la division? Cette question était traitée par les jurisconsultes romains, et Papinien, nous l'avons vu, la tranchait par une distinction : «La personne avec laquelle je me suis obligé comme caution était-elle incapable de contracter une pareille obligation, telles qu'étaient toutes les femmes, d'après le sénatus-consulte Velléien, moi, qui me suis valablement engagé, je ne puis pas invoquer le bénéfice de division *quum scire potuerim, aut ignorare non debuerim mulierem frustra intercedere* (loi 48., pr., *De fidej.*).

Il n'en était pas de même, d'après le droit romain, lorsque je m'étais rendu caution avec un mineur de 25 ans, qui, par la suite, se faisait restituer contre son obligation, je n'étais tenu du total de la dette que si j'avais d'abord contracté seul le cautionnement, sans compter sur le mineur, qui ne s'est rendu caution qu'après moi pour la même personne ; mais si nous nous sommes portés cautions en même temps, la restitution qu'il obtient contre son obligation ne me charge pas seul de toute la dette, car je me suis attendu qu'il payerait avec moi (loi 48, § 1, *De fidej.*).

Cette distinction ne peut pas être admise dans notre droit français, car si le fidéjusseur a pu prévoir l'insolvabilité, il a pu plus facilement encore prévoir la restitution. On ne peut pas dire que le créancier, en recevant le cautionnement du mineur, a voulu prendre ce risque à sa charge ; car, s'il ne s'est pas contenté de l'intervention de ce mineur, et s'il a exigé qu'on lui adjoignît une autre caution, c'est qu'il a voulu une garantie contre la restitution possible. Je crois donc qu'il faut dire : incapacité vaut insolvabilité, et c'était déjà l'opinion de Pothier (*Oblig.*, n° 424).

Cette nullité de l'obligation du cofidéjusseur peut donner lieu à une contestation entre le créancier et la caution, l'un prétendant qu'elle existe, l'autre qu'il n'y a pas nullité ; la rescision de l'obligation du mineur n'est pas encore prononcée, n'est pas encore demandée ; la caution, dont l'obligation est inattaquable, peut-elle, dans ce cas, demander la division entre elle et son cofidéjusseur dont l'obligation est annulable ? Je crois qu'elle le peut ; il y a la plus grande analogie entre ce cas et celui où la solvabilité est douteuse : l'obligation de l'incapable peut être maintenue, l'incapable peut renoncer à se prévaloir de la cause de nullité ; mais, dans ce cas, les tribunaux qui prononcent la division ne peuvent l'ordonner que provisoirement, car si plus tard l'obligation de l'incapable était rescindée, le créancier pourrait certainement revenir contre celui qui a obtenu de ne payer que sa part.

Lorsque les différentes cautions ne se sont pas obligées toutes sous la même modalité, les unes se sont obligées purement et simplement, les autres à terme ou sous condition ; celles qui se sont obligées purement peuvent toujours demander que l'action du créancier soit divisée entre elles et les cofidéjusseurs obligés à terme ou sous condition (loi **27**, *De fidej.*, D.). Mais ici encore les effets de la division ne sont que provisoires ; car, si plus tard la condition mise au cautionnement des autres venait à défaillir ; si, à l'échéance du terme ou à l'arrivée de la condition, la caution, à qui on n'a rien pu demander jusque-là par suite de ce terme ou de cette condition, est devenue insolvable, le créancier aura recours contre celle qui, ayant obtenu la division, a été admise à ne payer provisoirement que sa part.

Les conditions que nous avons vues jusqu'ici ont été remplies : il s'agit de cofidéjusseurs qui sont intervenus pour le même débiteur et pour la même dette ; ils sont tous solvables ; la division est demandée, doit-elle être ordonnée, ou faut-il encore cette autre condition, que le cautionnement ait été donné conjointement ? Des auteurs le soutiennent. A l'appui de ce système, on fait valoir les arguments suivants : Quand deux personnes ont cautionné le même débiteur et la même dette par des actes séparés, on ne peut pas prétendre que la première caution est intervenue en vue du cautionnement fourni par l'autre, et c'est là ce qui justifie le bénéfice de division. Ce n'est pas tout : l'art. 2026 lui-même suppose un cautionnement donné par plusieurs personnes conjointement. La première caution, ajoute-t-on, a été obligée *in solidum*, et l'étendue de son obligation ne doit pas être diminuée par la circonstance qu'ensuite une autre personne a cautionné la même dette. Telle n'a pas été l'intention du créancier, qui a voulu avoir une sûreté de plus.

La réfutation de ce système se trouve dans le texte même de la loi. L'art. 2025 établit que toutes les cautions du même débiteur, pour une même dette, sont obligées *in solidum*, et il ne distingue pas si elles se sont portées cautions conjointement ou non. « Lorsque plusieurs personnes se sont rendues cautions d'un même débiteur pour une même dette, elles sont obligées chacune à toute la dette », puis dans l'art. 2026, le législateur établit le bénéfice de division : « Néanmoins, dit-il, chacune d'elles peut, à moins qu'elle n'ait renoncé au bénéfice de division, exiger que le créancier divise préalablement son action.... » Il est évident, le mot *néanmoins* l'indique, que ce bénéfice est accordé aux personnes dont il est parlé dans l'art. 2025 ; la loi ici encore ne suppose pas de cautionnement donné conjointement.

On peut encore, en faveur de cette seconde opinion, argumenter de l'art. 2033. Si, dans notre hypothèse, la caution intervenue la première ne pouvait pas demander la division, elle ne pourrait pas non plus, après avoir payé, exercer de recours contre celles qui sont interve-

nues après elle, et cependant l'art. 2033, qui accorde ce
recours à la caution, ne distingue pas si elle est intervenue avant ou après les autres. L'intervention de la seconde caution est pour la première un événement heu-
reux, c'est comme si l'insolvabilité du débiteur avait
cessé.

Enfin, quel est le motif du bénéfice de division? Ce
n'est pas, comme paraît le supposer le premier système,
que la caution en contractant a dû compter sur ce bénéfice, ni qu'elle en a fait la condition tacite de son engagement. Ce motif est la cause toute favorable du cautionnement, et cette cause est aussi favorable, que les cautions
soient intervenues conjointement ou par actes séparés. Il
y a encore un autre motif : la nécessité d'épargner les
frais en prévenant les recours que les cautions exerce-
raient les unes contre les autres. Cela ne cause aucun
préjudice au créancier, puisque la division ne se fait
qu'entre les cautions solvables.

Par les mêmes motifs, nous admettons que la caution
intervenue en second lieu pourra demander la division,
quand même le second acte de cautionnement ne rap-
pellerait pas le premier.

§ 3. — *A quel moment l'exception de division doit-elle être opposée par la caution?*

La caution doit invoquer le bénéfice de division, et le
juge ne peut pas le suppléer d'office. Il se peut, en effet,
que l'autre cofidéjusseur soit insolvable, et que ce soit à
dessein que celui qui est actionné n'oppose pas cette
exception ; il sait qu'elle aurait pour résultat unique de

constater l'insolvabilité du fidéjusseur, et de faire des frais en pure perte.

Le législateur, lorsqu'il s'est occupé du bénéfice de discussion, a pris soin de dire qu'il devait être opposé sur les premières poursuites; mais il n'a rien dit de semblable relativement au bénéfice de division; il n'a pas indiqué à quelle époque ce bénéfice devait être invoqué; que faut-il en conclure? Il faut en conclure qu'il a voulu suivre l'opinion qui avait fini par triompher dans l'ancienne jurisprudence, et qui était admise par Pothier (*Oblig.*, n° 425), opinion d'après laquelle l'exception de division pouvait être opposée en tout état de cause. On s'appuyait dans l'ancien droit, pour le décider ainsi, sur la loi 10, § 1, *De fidej.*, C.; mal interprétée, comme l'a démontré la découverte du manuscrit de Gaïus; mais, quel que soit le sens de ce fragment, les rédacteurs du Code devaient l'interpréter comme Pothier; rien dans la discussion n'indique qu'ils aient voulu abandonner la doctrine de Pothier : il est donc probable qu'ils ont entendu que le bénéfice de division pourrait être invoqué en tout état de cause.

Cependant, quelques auteurs soutiennent que la caution doit l'opposer, comme le bénéfice de discussion, sur les premières poursuites dirigées contre elles, et ils se fondent sur les termes de l'art. 2026, d'après lequel chaque caution peut exiger que le créancier divise préalablement son action. Selon ces auteurs, cela signifie que la caution doit exiger préalablement, c'est-à-dire avant toute poursuite au fond dirigée contre elle par le créancier, que celui-ci divise son action.

Cette interprétation de l'art. 2026 est inadmissible;

car dans cet article le mot *préalablement* se rapporte au verbe *diviser* et non au verbe *exiger;* et, dans le système que je combats, au lieu de lire *diviser préalablement,* on lit *exiger préalablement;* ce n'est pas tout, on est obligé d'ajouter à *préalablement* ces mots *à toute poursuite au fond.* Ce n'est pas là interpréter la loi, c'est la faire, et, je le répète, rien dans la discussion n'indique qu'on ait voulu abandonner l'opinion de Pothier, qui établit longuement dans le n° 425 de son *Traité des obligations* que la caution peut opposer le bénéfice de division tant qu'un jugement ne l'a pas condamnée à payer le tout.

La caution peut opposer le bénéfice de division en tout état de cause, c'est-à-dire tant qu'il n'a pas été rendu contre elle un jugement en dernier ressort ou passé en force de chose jugée, la condamnant à payer le tout; bien certainement le jugement qui déclarerait que le cautionnement est valable ne mettrait pas obstacle à ce que ce bénéfice pût être invoqué. Si les cautions peuvent s'en prévaloir en tout état de cause, elles ont intérêt à le faire le plus tôt possible; car, tant qu'elles ne l'ont pas opposé, les insolvabilités des autres cautions restent à leur charge, tandis qu'une fois la division demandée, l'insolvabilité de leurs coobligés est à la charge du créancier; leur intérêt est garant que cette exception ne sera pas trop retardée.

Passons au cas de poursuites extrajudiciaires. Le créancier a un titre exécutoire et n'a pas besoin de s'adresser à la justice; il dirige directement des poursuites contre la caution; celle-ci, tant qu'elle n'a pas payé et qu'elle n'a pas d'ailleurs renoncé au bénéfice de division, peut demander à ne payer que sa part. Cependant cette opinion n'est pas universellement admise. Des auteurs prétendent qu'il ne faut pas aller aussi loin et disent que la caution peut bien demander la division jusqu'à la vente de ses biens exclusivement, mais qu'après la vente elle ne le peut plus, et le motif qu'ils en donnent est que ce serait jeter le créancier dans des longueurs maintenant sans objet pour la caution elle-même. On raisonne de même que s'il s'agissait du bénéfice de discussion, c'est à tort, je crois : le bénéfice de division diffère de celui de discussion en ce qu'il n'a pas comme lui pour but d'échapper aux poursuites ; si la caution a laissé saisir et vendre ses biens sans demander la division, en peut-on conclure qu'elle a voulu renoncer à son bénéfice? Non, car, quand même la division aurait été prononcée, elle aurait sa part à payer, et il pourrait lui être presque aussi difficile de payer cette part que de payer la totalité ; la saisie et la vente ont donc une cause facile à comprendre sans qu'on soit obligé de les expliquer par une intention de renoncer à la division.

Le créancier ne peut pas se plaindre de la longueur des poursuites qu'il a dû exercer pour obtenir le payement d'une partie seulement de la dette, car ces poursuites sont aussi longues, qu'il s'agisse pour lui d'obtenir le payement d'une partie de la dette ou de la totalité.

Enfin, il n'est pas exact de dire que, même après la vente de ses biens, la caution n'a plus d'intérêt à ce que la division ait lieu. Elle y a au contraire un très-grand intérêt, car si elle paye la totalité de la dette, elle aura bien, il est vrai, un recours contre les autres cautions, mais il lui est plus commode de ne payer que sa part et de ne pas avancer des fonds pour une dette qui ne doit pas, en définitive, rester à sa charge ; en effet, même en supposant que les cofidéjusseurs soient solvables, il y a toujours la nécessité de recours qui entraîneraient des longueurs et des difficultés. D'un autre côté, elle court des risques : si ces cofidéjusseurs sont devenus insolvables depuis le payement qu'elle a fait de la totalité, cette insolvabilité reste à sa charge, tandis que, si la division avait eu lieu, la perte serait pour le créancier.

Avant toute poursuite, soit judiciaire, soit extra-judiciaire, dirigée contre elle par le créancier, la caution peut-elle offrir à celui-ci de payer divisément sa part de la dette cautionnée et le forcer à la recevoir ? Non, elle ne le peut pas ; son bénéfice est purement passif. M. Chabot l'a dit dans son rapport au Tribunat. « La division ne peut être demandée qu'après que l'action a été formée par le créancier, et jusqu'à ce qu'elle soit demandée, toutes les cautions restent responsables des insolvabilités de chacune d'elles (*Fenet* (*t*. 15), *p*. 55). » Le motif de cette décision est le suivant : si la caution pouvait forcer le créancier à recevoir divisément sa part sans être poursuivie, cela pourrait causer un grave préjudice à ce créancier qui, en poursuivant le débiteur principal, pourrait exiger son payement intégral, et qui pourrait même l'exiger des autres cautions, si elles avaient renoncé au bénéfice de division ou ne l'invoquaient pas. Cette décision est conforme anx traditions de l'ancien droit dont le Code ne paraît avoir voulu s'écarter, et elle s'explique d'autant mieux qu'elle ne cause pas de préjudice à la caution qui a un moyen facile d'éviter les conséquences fâcheuses que peut avoir pour elle l'inaction du créancier ; elle peut, en payant la dette après l'époque de l'exigibilité, agir en indemnité, soit contre le débiteur principal, soit contre les autres cautions. Elle a même une autre ressource ; c'est de forcer le débiteur à payer ou à lui rapporter sa décharge.

§ 4. — *Effets de la division opérée sur la demande de la caution, ou spontanément par le créancier.*

L'effet de l'exception de division est de faire prononcer par le juge la division de la dette entre toutes les cautions solvables et de restreindre, par ce moyen, la demande formée contre le fidéjusseur qui a opposé la division à sa part seulement. De plus, depuis que la division de la dette a été prononcée, si l'un des fidéjusseurs entre qui la dette a été divisée, devient insolvable, cette insolvabilité retombera non plus sur les cofidéjusseurs solvables, comme cela aurait eu lieu avant la division, mais sur le créancier ; c'est là l'effet capital du bénéfice de division ; il est signalé par l'art. 2026 en ces termes : « Lorsque, dans le temps où une des cautions a fait prononcer la division, il y en avait d'insolvables, cette caution est tenue proportionnellement de ces insolvabilités ; mais elle ne peut plus être recherchée à raison des insolvabilités survenues depuis la division. »

Une question traitée par Pothier (*Oblig.*, n° 426) est la suivante : Deux personnes se sont portées cofidéjusseurs ; mais l'une d'elles a payé une partie de la dette sans que la quittance ait imputé spécialement sur sa part ce payement partiel ; chacune des cautions, avant la division demandée, étant tenue *in solidum*, ce qu'elle a payé devra s'imputer sur la totalité de la dette, et non sur sa part, et si plus tard cette caution est poursuivie et demande la division, elle devra payer sa part virile de ce qui reste dû. C'était la décision de Papinien (1. 51, § 1, *De fidej*. D.). Mais cette décision, quoique conforme à la rigueur des principes, est bien dure pour la caution, et la même loi y apporte un tempérament; il est plus équitable de donner à ce fidéjusseur la faculté d'imputer ce qu'il a déjà payé sur la part dont il est tenu quand son cofidéjusseur est solvable. Cette décision devrait être suivie dans notre droit.

Jusqu'ici nous avons supposé que la division était prononcée par la justice sur la demande de la caution; supposons maintenant, avec l'art. 2027, que le créancier ait lui-même divisé volontairement son action, et voyons quels sont les effets de cette division. Ce cas est prévu par l'art. 2027, qui est ainsi conçu : « Si le créancier a divisé lui-même et volontairement son action, il ne peut revenir contre cette division, quoiqu'il y eût, même antérieurement au temps où il l'a ainsi consentie, des cautions insolvables. » Cet article 2027 est la reproduction de la loi 16, C., *De fidej*.

Il résulte de cette disposition que la division opérée spontanément par le créancier est beaucoup plus avantageuse pour la caution que celle qui est prononcée judiciairement sur la demande de cette caution, et cela à plusieurs points de vue :

1° Le créancier prend à sa charge l'insolvabilité des autres cautions, même antérieure à la division volontairement opérée par lui; si, au contraire la division est prononcée en justice, les insolvabilités postérieures sont bien à la charge du créancier, mais celles qui sont antérieures retombent sur les cautions solvables.

2° La division, volontairement consentie par le créancier, s'opère même au profit de celui qui a renoncé à ce bénéfice.

3° Enfin, si le créancier qui a un fidéjusseur inca-capable et un autre capable a consenti sans aucune ré-serve à la division de son action, il prend sur lui le préjudice qui peut résulter de l'incapacité (Pothier, *Obligations*, n° 424).

Sur cet art. 2027, s'élève une question : Est-il nécessaire, pour que le créancier soit considéré comme ayant divisé son action, que celle des cautions contre qui il a formé une demande pour sa part seulement ait acquiescé à cette demande, ou qu'il soit intervenu contre elle un jugement de condamnation ? Jusque-là le créancier ne peut-il pas revenir sur ses pas et rectifier ses conclusions en lui demandant le tout ?

Il n'y a pas de difficulté quand les cautions se sont obligées solidairement; l'art. 2021 dit que leur engagement se règle par les principes établis pour les dettes solidaires ; l'art. 1211 est donc applicable, et, aux termes de cet art., tant que le débiteur solidaire n'a pas acquiescé à la demande, ou n'a pas été condamné, le créancier peut revenir sur ses pas, et former contre lui une demande pour le tout.

Que faut-il décider quand les cautions ne se sont pas obligées solidairement ? L'art. 2027 se contente d'une simple division opérée par le créancier lui-même. Or, former contre la caution une demande pour sa part, n'est-ce pas diviser son action ? L'article ne suppose pas que la division est opérée par un contrat entre le créancier et les cautions.

Cette distinction entre le cas où les cautions se sont obligées solidairement ou non, se justifie facilement. On conçoit que la loi présume plus difficilement la renonciation du créancier à la solidarité stipulée qu'au droit de poursuivre chaque caution *in solidum*. Quand le créancier a stipulé que les cautions s'obligeraient solidairement, il a montré qu'il attachait une grande importance au droit de poursuivre chacune d'elles pour le tout, il ne doit pas être présumé facilement y avoir renoncé ; s'il n'a pas stipulé la solidarité, ce motif ne se présente plus, l'art. 1211 ne s'applique pas ; le bénéfice de division est éminemment favorable.

Cette division opérée par le créancier n'a d'effet qu'à l'égard de la caution à qui il a demandé sa part seulement ou qui la lui a payée de gré à gré; mais, à l'égard des autres cautions contre lesquelles il n'a pas fait de demande, il peut leur demander la totalité de la dette, déduction faite de la part de celle qu'il a poursuivie, sauf à ces cautions à lui opposer le bénéfice de division si elles n'y ont pas renoncé.

CHAPITRE III.

BÉNÉFICE DE SUBROGATION.

En principe, la caution qui paye éteint complétement la dette du débiteur principal; mais alors naît à son profit contre ce débiteur une action en recours qui a pour cause soit un contrat de mandat, soit un quasi-contrat de gestion d'affaires. Voici comment : lorsque la caution est intervenue sur la demande du débiteur, ou au vu et au su de ce débiteur, elle est considérée comme ayant reçu de lui mandat de s'obliger et de payer ; le payement par elle fait n'est que l'exécution de ce mandat, et, comme tout mandataire, elle a l'action *mandati contraria* pour se faire indemniser du préjudice qu'elle éprouve. Si au contraire cette caution s'est obligée à l'insu du débiteur, elle est considérée comme *negotiorum gestor*, et, pour se faire rembourser des dépenses que lui a causées la gestion, elle a l'action *negotiorum gestorum contraria*. L'art. 2028 établit cette action en recours et en détermine les limites ; il est ainsi conçu : « La caution qui a payé a son recours contre le débiteur principal, soit que le cautionement ait été donné au su ou à l'insu du débiteur. — Ce recours a lieu tant pour le principal que pour les intérêts et les frais ; néanmoins, la caution n'a de recours que pour les frais par elle faits depuis qu'elle a dénoncé au débiteur principal les poursuites dirigées contre elle. — Elle a aussi recours pour les dommages et intérêts, s'il y a lieu. » Cet article, dans l'explication duquel nous n'avons pas à entrer, donne donc à la caution une action en recours, mais dépourvue des gages, priviléges, hypothèques, etc., qu'avait le créancier, par conséquent inefficace en cas d'insolvabilité du débiteur. Cependant la caution est digne de faveur ; aussi avons-nous vu les jurisconsultes romains lui accorder le bénéfice de cession d'actions et lui permettre ainsi d'exercer l'action du créancier avec toutes les garanties accessoires qui y étaient jointes ; nous avons vu que ces jurisconsultes considéraient le payement fait par la caution non pas comme un payement véritable ayant pour but et pour effet d'éteindre la créance primitive, mais comme le payement du prix de la vente que le créancier faisait de ses droits à la caution. Aussi la cession devait-elle être demandée avant que le créancier eût été désintéressé, car plus tard la dette primitive étant éteinte, principal et accessoires, la cession était impossible, faute d'objet.

Notre ancienne jurisprudence emprunta au droit romain ce bénéfice et cette manière d'envisager les choses; il résultait de là que dans notre ancien droit français, comme dans la législation romaine, le bénéfice de cession d'actions devait être invoqué avant le payement. Ce principe fut admis sans contestation jusqu'au milieu du XVIᵉ siècle, époque à laquelle Dumoulin vint soutenir dans sa première leçon, faite à Dôle en 1555, que la caution, après avoir payé sans se faire céder les actions du créancier, pouvait demander et obtenir cette cession. Dumoulin partait de cette idée , que la caution ne devait être privée de son bénéfice que si elle y avait renoncé, et disait, ce qui était d'ailleurs très-juste, qu'une pareille renonciation de sa part ne devait pas s'induire d'un payement qu'elle n'était pas libre de refuser : « Tunc enim cum solvat ex necessitate.... et habeat jus cedendarum actionum, non censetur illud remittere sed renovare, etiamsi de hoc in solutione nulla mentio facta sit; quia in necessitatibus nemo liberalis existit. (Molin. *Opera, prima lect., Dol.*, nᵒ 20.) »

Il allait encore plus loin, non-seulement il voulait que la cession pût avoir lieu après le payement, mais il voulait que la caution pût agir comme cessionnaire dès qu'elle représentait non pas l'acte de cession, mais le titre de la créance primitive, pourvu toutefois, et c'était la seule condition exigée par Dumoulin, qu'elle l'eût entre les mains, du consentement soit exprès, soit tacite du créancier obligé à faire la cession : « Non debet cadere causa quamvis non produxerit instrumentum actualis obligationis, sed vincere, dummodo appareat instrumentum principalis obligationis simpliciter traditum de consensu expresso vel tacito ipsius creditoris qui cedere et tradere tenebatur. (Molin. *Opera, lect. prima, Dol.*, n° 41.) »

Ces idées étaient équitables en elles-mêmes ; mais Dumoulin, jurisconsulte et non législateur, dut s'appuyer pour les soutenir, non pas sur la raison et l'équité, mais sur les textes des lois romaines ; il entreprit de prouver que jusqu'à lui ces lois avaient été mal comprises et que la théorie qu'il proposait était celle du droit romain : pour cela il était obligé de torturer les textes ; nous avons vu la manière dont il interprétait la loi 76, *De solutionibus,* D., et la loi 1, C., *De contrario judicio tutelœ ;* il en était de même de plusieurs autres lois. Ces innovations de Dumoulin étaient inadmissibles comme interprétations de textes. Aussi ne persuada-t-il personne, et ses idées, qu'il était obligé d'appuyer sur de mauvais moyens, ne triomphèrent pas dans la pratique. « Cette opinion de Dumoulin, nous dit Pothier, n'a pas prévalu, et l'on a continué d'enseigner dans les écoles et de pratiquer au barreau qu'un codébiteur solidaire, de même que les cautions et tous ceux qui payaient ce qu'ils devaient avec d'autres ou pour d'autres, n'étaient subrogés aux actions du créancier que lorsqu'ils avaient requis la subrogation (Poth., *Oblig.*, n° 280). »

Les rédacteurs du Code se trouvaient donc en présence de deux systèmes : celui de Dumoulin, et celui qui avait été constamment suivi dans l'ancien droit, qui avait pour lui la tradition romaine et la tradition française; lequel devaient-ils consacrer? N'ayant pas, comme nos anciens auteurs, à s'inquiéter des lois romaines et de leur interprétation, ils s'arrêtèrent au système de Dumoulin, et même allèrent plus loin que lui, car si ce grand jurisconsulte admettait que la cession pouvait avoir lieu même après le payement; s'il présumait facilement une cession tacite à défaut de volonté exprimée à cet égard, il n'en exigeait pas moins une cession expresse ou tacite soit avant, soit après le payement. Les rédacteurs du Code ont admis que, par la seule force de la loi et indépendamment de toute cession, la caution qui payerait serait subrogée aux droits du créancier : c'est ce que nous voyons dans l'art. 1251-3° : « La subrogation a lieu de plein droit au profit de celui qui étant tenu avec d'autres ou pour d'autres au payement de la dette avait intérêt de l'acquitter; » c'est ce que nous dit encore l'art. 2029 : « La caution qui a payé est subrogée à tous les droits qu'avait le créancier contre le débiteur. »

C'est ainsi que dans notre droit actuel la subrogation légale s'est substituée à l'ancien bénéfice de cession d'actions.

Aux termes des art. 1251-3° et 2029, la caution qui paye est subrogée aux droits du créancier; la loi ne distingue pas si le payement est total ou partiel, s'il est volontaire ou forcé. La loi ne distingue pas non plus si la caution s'est engagée en même temps que le débiteur ou plus tard; si elle est intervenue par son ordre en vertu d'un mandat par lui donné, ou à son insu comme gérant d'affaires.

Une question qui se présente dès qu'on étudie la matière de la subrogation légale est la suivante : La subrogation transfère-t-elle au subrogé la créance primitive elle-même, ou ne fait-elle que rattacher à la créance de mandat ou de gestion d'affaires du subrogé certaines garanties extrinsèques, accessoires de la créance primitive?

Sans entrer dans l'examen de cette question, qui est controversée, je me bornerai à dire, et c'est l'opinion de beaucoup la plus générale, que c'est l'action même du créancier qui passe au subrogé.

Si l'on admet cette opinion, la caution qui a payé a donc deux actions pour se faire indemniser : l'action *mandati contraria* ou *negotiorum gestorum contraria*, qu'elle a de son chef contre le débiteur, et l'action du créancier auquel elle est subrogée.

Mais, avant d'aller plus loin, il faut remarquer, et quel que soit le système que l'on adopte sur la nature de la subrogation, on est d'accord sur ce point, il faut remarquer que si la créance de mandat ou de gestion d'affaires est plus étendue que l'ancienne créance, la subrogation n'est jamais acquise à la caution que dans la limite des droits du créancier; autrement la subrogation pourrait causer au tiers le plus grave préjudice. La créance personnelle de la caution peut en effet dépasser de beaucoup le montant de la créance primitive : elle peut comprendre non-seulement le capital déboursé, mais des intérêts, des frais, des dommages-intérêts : si donc la subrogation avait lieu dans les limites de cette créance, le débiteur, les créanciers chirographaires, même les créanciers hypothécaires d'un rang inférieur seraient lésés; ils s'attendaient à voir le créancier leur opposer ses garanties particulières, ses causes de préférence pour une certaine somme, et la caution viendrait se prévaloir contre eux de ces mêmes garanties, de ces mêmes causes de préférence pour une somme supérieure. D'un autre côté la créance primitive était peut-être de celles qui s'éteignent par de courtes prescriptions ; elle était peut-être sur le point d'être prescrite, tandis que la créance de mandat ou de gestion d'affaires de la caution ne se prescrira que par trente ans à dater du payement par elle fait. Si la caution pendant tout ce temps pouvait exercer les droits du créancier ou rattacher à sa créance les accessoires de la créance primitive, ne voit-on pas quel grave préjudice on causerait aux tiers et au débiteur lui-même?

En sens inverse, si l'action de mandat ou de gestion d'affaires de la caution était moins étendue que l'action du créancier, la subrogation serait restreinte dans les limites de cette action de mandat et de gestion d'affaires.

Si nous nous plaçons maintenant dans le système généralement admis et d'après lequel la caution peut exercer, soit son action propre, soit l'action du créancier, nous dirons que si la caution agit comme subrogée aux droits du créancier, l'action qu'elle a de son chef est éteinte dans les limites de ce qu'elle obtient, mais subsiste pour tout ce qu'elle comprenait de plus que l'action primitive du créancier. Si au contraire la caution commence par intenter l'action qu'elle a de son chef, et parvient ainsi à se faire indemniser, l'ancienne créance est éteinte. Si, ayant intenté d'abord son action de mandat ou de gestion d'affaires, elle s'aperçoit que cette action ne lui fera pas obtenir ce à quoi elle a droit, elle peut revenir sur ses pas, abandonner cette action et exercer celle du créancier.

Est-il plus avantageux, pour la caution, d'agir comme subrogée aux droits du créancier, ou, au contraire, d'intenter son action de mandat ou de gestion d'affaires sans se prévaloir de la subrogation? Cela dépend des circonstances. La subrogation a pour la caution de grands avantages : en cas d'insolvabilité du débiteur, elle lui permet, pour se faire payer, d'invoquer les priviléges, les hypothèques qui assuraient au créancier son payement; l'action de mandat ou de gestion d'affaires ne lui aurait fait obtenir qu'un dividende, la subrogration lui fera peut-être obtenir un payement intégral.

Mais, à d'autres points de vue, l'action *mandati* ou *negotiorum gestorum* est plus utile à la caution :

1° Si le créancier ne pouvait pas demander d'intérêts, la caution en invoquant la subrogation ne pourrait pas non plus en demander, tandis que par son action *mandati* ou *negotiorum gestorum* elle pourra toujours en réclamer.

En second lieu, en admettant même que la créance primitive produisît des intérêts, la caution qui invoquerait la subrogation pourrait bien réclamer des intérêts, mais seulement dans les limites du taux stipulé par le créancier et, en tous cas, dans les limites du taux légal, tandis que par son action de mandat ou de gestion d'affaires, elle pourra réclamer des dommages-intérêts supérieurs au taux légal; c'est ce qui arrivera, si par son défaut de payement à l'échéance le débiteur lui a causé un dommage supérieur à l'intérêt de la somme qu'elle a payée, par exemple, si elle a subi la contrainte par corps; si, sur les poursuites du créancier, ses biens ont été vendus pour une somme inférieure à leur valeur.

En troisième lieu, l'action du créancier au moment du

payement est peut-être sur le point d'être prescrite, tandis que l'action personnelle à la caution durera trente ans, à dater du payement par elle fait ; l'action du créancier pourrait même être de celles qui sont soumises à de courtes prescriptions, comme les créances d'intérêts. Si la caution n'avait à sa disposition que l'action du créancier, elle devrait se hâter d'agir contre le débiteur principal, sous peine de voir son droit s'éteindre par prescription ; son action de mandat lui permettra d'agir pendant trente ans.

4° La caution qui a fait un payement partiel a encore intérêt à se prévaloir de l'action qu'elle a de son chef, car alors elle n'a pas à craindre de se voir opposer la maxime : *Nemo contra se subrogasse censetur*, que le créancier pourrait lui opposer si elle invoquait la subrogation. Nous allons examiner successivement ce qui concerne la subrogation :

1° Dans les rapports du créancier et de la caution ;

2° Dans les rapports du débiteur et de la caution ;

3° Dans les rapports des cofidéjusseurs entre eux ;

4° Dans les rapports de la caution et du tiers détenteur de l'immeuble hypothéqué à la dette ;

5° Enfin, nous examinerons quelques questions sur l'art. 2037.

SECTION 1re.

Effets de la subrogation dans les rapports du créancier et de la caution.

Le bénéfice de cession d'actions, dans le droit romain et dans notre ancien droit, était fondé sur ce qu'il y aurait eu mauvaise foi de la part du créancier à retenir des actions qui ne pourraient plus lui servir, mais qui, au contraire, seraient pour la caution de la plus grande utilité. C'est ce que Pothier exprimait en ces termes : « Cette obligation du créancier, de céder ses actions, est fondée sur cette règle d'équité : qu'étant obligés d'aimer tous les hommes nous sommes obligés de leur accorder toutes les choses qu'ils ont intérêt d'avoir, lorsque nous pouvons les leur accorder sans qu'il nous en coûte rien. » (*Oblig.*, n° 520).

La caution n'ayant le bénéfice de cession d'actions que par un motif d'équité, que par ce motif, que le créancier n'en éprouvait pas de préjudice, ne pouvait évidemment pas se prévaloir de ce bénéfice au détriment des intérêts du créancier; c'est ce que Dumoulin exprimait dans cette phrase qui avait fini par devenir une maxime : *Nemo contra se subrogasse censetur*.

Cette maxime a été reproduite par le Code en matière de subrogation dans l'art. 1252, ainsi conçu : « La subrogation établie par les articles précédents a lieu, tant contre les cautions que contre les débiteurs : elle ne peut nuire au créancier lorsqu'il n'a été payé qu'en partie; en ce cas, il peut exercer ses droits pour tout ce qui lui reste dû par préférence à celui dont il n'a reçu qu'un payement partiel. »

Il est facile de trouver des applications de cette règle : Primus a prêté à Secundus une somme de 10,000 francs, et, pour garantie de ses droits, a reçu une hypothèque et deux cautions, Titius et Mœvius. Titius, actionné par le créancier, invoque le bénéfice de division, paye 5,000 fr., et est subrogé aux droits du créancier, dans la limite de ce qu'il a payé; puis, ce même Titius, en vertu de la subrogation, fait saisir et vendre l'immeuble hypothéqué à la dette; cette vente ne produit que 5,000 francs : sur ce prix de 5,000 francs, Titius, subrogé, primera-t-il le créancier, ou au moins viendra-t-il en concours avec lui? Non, le créancier sera payé par préférence de ce qui lui reste dû: *Nemo contra se subrogasse censetur*.

Faisons une autre application de notre article 1252 : La caution subrogée aux droits du créancier peut-elle, comme celui-ci, invoquer le bénéfice de l'action résolutoire, en cas d'inexécution des obligations de la part du débiteur? Il faut distinguer : La caution a le droit de demander la résolution quand le créancier n'a aucun intérêt à ce que le contrat soit maintenu ; elle n'a pas ce droit quand les intérêts du créancier s'opposent à ce que la résolution du contrat ait lieu.

Prenons des exemples. Il s'agit d'un contrat de vente : la caution a garanti le payement du prix, elle paye, elle est subrogée aux droits du créancier ; elle peut sans difficulté exercer le droit de résolution qu'avait le créancier, celui-ci n'en souffre aucun préjudice.

Supposons maintenant qu'au lieu d'une vente il s'agisse d'un contrat de louage ; la caution a garanti le payement du prix du bail, elle paye, elle est subrogée aux droits du bailleur, mais a-t-elle le droit de demander la résiliation du bail? Évidemment, non : le bailleur peut avoir intérêt à ce que le contrat soit maintenu, il a loué un bon prix ; il est vrai que le preneur ne le paye pas, mais l'intervention de la caution le garantit contre toute chance de perte: on ne doit pas le priver des avantages de son contrat, et c'est ce qui arriverait si le bail était résilié.

Cependant, il ne faut pas exagérer la portée de la règle *Nemo contra se subrogasse censetur*. Le créancier ne peut réclamer la préférence que lui donne l'art. 1252 que pour le restant de la créance cautionnée et payée en partie par la caution; il ne peut pas invoquer le bénéfice de cet article pour les autres créances qu'il peut avoir contre le même débiteur, mais résultant d'autres titres et renfermant de nouvelles hypothèques. Ainsi, le créancier Primus a prêté au débiteur Secundus une somme de 10,000 fr.; mais, au lieu de les prêter en une seule fois, il a fait deux prêts successifs de 5,000 fr chacun: le premier a eu lieu le 15 janvier 1860, sous la double garantie d'un cautionnement et d'une hypothèque sur l'unique immeuble du débiteur, inscrite le même jour; puis, le 1er juillet de cette même année, a lieu le second prêt, garanti par une hypothèque sur le même immeuble, et l'inscription est prise le même jour. La caution acquitte la première dette; le débiteur ne paye pas la seconde dette; l'immeuble hypothéqué est saisi et vendu à la requête, soit de la caution subrogée, soit du créancier. La vente produit une somme de 5,000 fr., la caution pourra-t-elle se prévaloir de l'hypothèque, première en date, à laquelle elle est subrogée, pour l'opposer au créancier et se faire colloquer par préférence à lui sur le prix de l'immeuble qui en était frappé ?

Le créancier argumentera de l'art. 1252; il opposera que la caution, en invoquant la subrogation, lui causera un préjudice ; car il sera primé par cette caution, sur le prix de l'immeuble ; il dira que c'est contraire au motif d'équité qui a fait introduire le bénéfice de cession d'actions auquel le legislateur a substitué la subrogation.

Mais, de son côté, la caution répondra avec beaucoup de force, qu'en cautionnant elle a compté sur la subrogation, et que, si elle avait pensé devoir être privée de cette ressource, elle ne serait pas intervenue. Elle ajoutera que si la subrogation ne doit pas nuire au créancier, ce créancier ne peut pas non plus par son fait, c'est-à-dire, dans l'espèce, en faisant contracter au débiteur de nouvelles dettes, la priver du bénéfice que la loi lui accorde. Elle invoquera l'ancienne jurisprudence ; suivant Renusson, quand on disait que le créancier devait être payé avant le subrogé de ce qui lui restait dû, on entendait parler de ce qui restait dû sur la créance partiellement acquittée, et non de ce qui pouvait être dû à un autre titre ; les rédacteurs du Code ne paraissent pas avoir voulu s'écarter de cette doctrine. Ainsi donc, le créancier qui n'a été payé qu'en partie, est autorisé à exercer ses droits par préférence au subrogé pour ce qui lui reste dû sur la créance partiellement acquittée, mais non pour ce qui pourrait lui être dû à d'autres titres.

Enfin, pour terminer ce qui concerne les rapports du créancier et de la caution, j'ajouterai qu'à d'autres égards encore il faut se garder d'exagérer la portée de l'art. 1252. Cet article ne défend pas d'une manière absolue à la caution qui a payé, de concourir avec le créancier, il lui défend seulement de se prévaloir de la subrogation contre ce créancier. L'application de cet article suppose que la créance principale est garantie par un privilége, une hypothèque, un cautionnement, une sûreté spéciale ; mais si elle était purement chirographaire, le créancier ne pourrait pas se prévaloir, contre la caution, de l'art. 1252, et se faire payer par préférence ce qui lui reste dû. La caution a en effet le droit de faire abstraction de la subrogation, et de se présenter comme exerçant son action *mandati* ou *negotiorum gestorum*. Alors, par application des art. 2092 et 2093, elle viendra au marc le franc avec le créancier qui n'a sur elle aucune cause de préférence. Personne ne pourra la forcer à se présenter comme subrogée, car la subrogation ayant été introduite dans son intérêt, on ne peut pas s'en prévaloir contre elle.

SECTION II.

Effets de la subrogation dans les rapports de la caution et du débiteur.

Les effets de la subrogation dans les rapports du débiteur et de la caution subrogée nous sont indiqués par l'art. 2029 en ces termes : « La caution qui a payé la dette est subrogée à tous les droits qu'avait le créancier contre le débiteur. » La caution exerce donc tous les droits du créancier ; seulement, suivant le système que l'on adopte sur la nature de la subrogation, elle les exerce, soit en les rattachant à sa créance de mandat ou de gestion d'affaires, soit en intentant elle-même l'action du créancier. Dans ce dernier cas, elle se substituerait complétement au créancier qu'elle représenterait et agirait à son lieu et place contre le débiteur. Du reste, quel que soit le système que l'on adopte, nous l'avons déjà dit, la caution ne peut invoquer la subrogation que dans la limite des droits du créancier. Si donc ces droits étaient moins étendus que l'action de mandat ou de gestion d'affaires qu'elle a de son chef, elle ne pourrait pas se prévaloir de la subrogation pour réclamer une somme supérieure à la créance principale.

La subrogation investit la caution de tous les droits qu'avait le créancier contre le débiteur : la formule de la loi est très-générale, elle ne distingue pas entre les sûretés acquises par le créancier avant l'intervention de la caution et celles acquises depuis. Dumoulin proposait cette distinction : il voulait que la subrogation eût lieu pour les droits du créancier acquis antérieurement au cautionnement, mais refusait à la caution cette subrogation pour les droits acquis après qu'elle s'était obligée. « Obligatio cedendi non debet extendi ultra limites qui erant tempore contractus. » Le motif que donnait Dumoulin à l'appui de son opinion était que la caution n'était pas intervenue en considération de ces sûretés qui n'existaient pas encore lorsqu'elle avait contracté son engagement. Pothier (*Oblig*. n° 520) paraît avoir voulu suivre la même doctrine.

Cette opinion de Dumoulin et de Pothier ne me paraît pas devoir être suivie aujourd'hui : elle est en désaccord avec les termes très-généraux de l'art. 2029 qui subroge la caution à *tous* les droits du créancier, sans distinguer à quelle époque ces droits ont été acquis. Reproduire maintenant la distinction de Dumoulin, ce serait aller contre le texte de notre article, et pour cela il faudrait que l'équité vînt nous y forcer; or, l'équité exige-t-elle quelque chose de semblable? Evidemment, non ; personne ne peut se plaindre de cette subrogation qui, sans aggraver la position du débiteur ou de qui que ce soit, vient protéger plus efficacement la caution.

Indépendamment de cet argument de texte, il est facile de répondre à l'argument de Dumoulin. Il est pas exact de dire que la caution ne s'est engagée qu'en vue des sûretés existantes au moment du cautionnement; la caution a prévu que le créancier chercherait à améliorer sa créance, à augmenter ses garanties par de nouvelles hypothèques, de nouveaux cautionnements, etc. Elle a facilement prévu que si le débiteur ne payait pas à l'échéance, le créancier prendrait contre lui un jugement emportant hypothèque judiciaire, voie d'exécution parée; elle a dès lors compté sur ces sûretés, elle les a prises en considération en s'obligeant.

Je crois donc que la caution subrogée pourra se prévaloir de tous les priviléges, hypothéques, cautionnements, de tous les droits en un mot qu'avait le créancier lors du payement, et cela sans distinguer si ces droits ont été acquis avant ou après l'intervention de la caution. Si donc, depuis le cautionnement, le créancier avait stipulé du débiteur une nouvelle hypothèque, avait obtenu contre lui un jugement emportant hypothèque judiciaire et voie d'exécution parée, avait fait intervenir de nouvelles cautions, avait obtenu une garantie quelconque améliorant sa créance, assurant son payement, la caution pourrait s'en prévaloir.

La caution qui a payé est subrogée à tous les droits qu'avait le créancier contre le débiteur ; mais si le créancier, recevant de la caution une partie seulement de ce qui lui est dû ou même sans rien recevoir, lui remet une quittance, la caution pourra-t-elle invoquer le bénéfice de la subrogation contre le débiteur? Il faut distinguer; si le créancier, en libérant le fidéjusseur, n'a pas voulu libérer le débiteur ; s'il a conservé son action contre celui-ci, il est bien évident que la remise ne peut pas être le point de départ d'une subrogation ; comment les droits du créancier pourraient-ils être exercés à la fois et et par ce créancier qui les aurait retenus et par la caution qui les aurait acquis en vertu de la subrogation ? Que pourrait d'ailleurs demander la caution ? elle n'a pas géré l'affaire du débiteur, ne l'a pas libéré.

La difficulté commence quand le créancier a donné à la caution quittance, non-seulement du cautionnement, mais de la dette principale. M. Ponsot, qui a touché la question, refuse, dans ce cas, au fidéjusseur le bénéfice de la subrogation. Il commence par se proposer une raison de douter : si la subrogation transporte sur la tête du subrogé l'action même du créancier (c'est l'opinion qu'admet M. Ponsot, et qui est généralement admise), on peut être tenté d'en conclure que la caution qui obtient remise de la dette moyennant le payement d'une partie de ce qui est dû peut réclamer du débiteur, en vertu de la subrogation, non-seulement le remboursement de ce qu'elle a payé, mais le montant intégral de la créance primitive. Cependant il ne s'arrête pas à cette objection, et y répond par une distinction entre la cession de créance et la subrogation ; la cession de créance suppose une spéculation, l'acheteur veut réaliser un bénéfice ; il en est tout autrement en matière de subrogation, la caution ne songe pas à spéculer, elle paye, parce qu'elle y est forcée ; la subrogation n'a pas pour but de l'enrichir, mais seulement de la garantir contre des chances de perte. De plus, la caution est mandataire ou gérant d'affaires du débiteur, et, comme telle, a mission pour améliorer, si elle le peut, la position du débiteur. Par ces motifs, M. Ponsot décide que la caution ne peut agir comme subrogée aux droits du créancier contre le débiteur que dans la limite de ce qu'elle a déboursé. On pourrait encore invoquer à l'appui de ce système les termes mêmes de l'art. 2029 ; il suppose que la caution a payé, et, dans l'espèce, la caution n'a pas payé.

Je ne crois pas cependant qu'il faille admettre cette opinion, et je pense qu'on doit permettre à la caution d'invoquer la subrogation aux droits du créancier pour la totalité de la dette, et cela par plusieurs raisons. D'abord, on peut reproduire la raison de douter que se propose le système précédent. On peut ajouter que, si on recherche l'intention des parties, si on analyse avec soin les opérations qui ont eu lieu, on arrive à reconnaître que la caution a réellement libéré le débiteur avec ses propres fonds, et en effectuant un payement intégral. Le créancier a fait remise de la dette à la caution ; les choses se sont passées comme si la caution avait payé la dette au créancier, et que celui-ci lui eût rendu les fonds payés en lui en faisant donation, ou bien encore comme si le créancier avait donné à la caution une somme égale au montant de la dette, et que cette caution eût employé cette somme à désintéresser le créancier. Si, en fait, ces traditions n'ont pas eu lieu, c'est dans un intérêt de célérité et de simplification, mais, dans l'intention des parties, elles n'en ont pas moins été effectuées : ce sont des traditions consensuelles, et nulle part la loi n'a prohibé les opérations de cette nature. Cette observation répond à l'argument que le premier système tire du texte de l'article 2029.

On peut invoquer une considération qui donne au système que je soutiens actuellement la sanction de l'équité : c'est que si le fidéjusseur n'était pas subrogé contre le débiteur dans l'hypothèse qui nous occupe, la libéralité faite par le créancier profiterait au débiteur plutôt qu'à la caution, c'est à dire qu'elle profiterait à celui à qui la libéralité n'a pas été faite, plutôt qu'à celui à qui elle a été offerte.

Cependant, dit M. Ponsot, la subrogation n'a pas pour but d'enrichir la caution, mais de la protéger contre des chances de perte. C'est vrai, mais ici la caution est exposée à une chance de perte, elle est exposée à perdre le bénéfice pécuniaire qu'avait voulu lui procurer le créancier.

M. Ponsot ajoute que la caution comme mandataire ou gérant d'affaires a mission pour améliorer la position du débiteur. C'est encore vrai, mais elle ne peut pas être tenue de l'améliorer à ses dépens, en renonçant à la libéralité que le créancier lui a faite.

Une autre question, analogue à celle que nous venons d'examiner, est celle de savoir ce qu'il faudrait décider dans le cas où la caution a, du consentement du créancier, payé le capital d'une rente qui n'était pas encore remboursable : le débiteur peut-il la contraindre à recevoir immédiatement le remboursement du capital de cette rente ?

M. Ponsot, par les mêmes raisons que précédemment, admet la négative, et décide que la caution ne peut pas refuser au débiteur de recevoir un remboursement immédiat.

Cependant, et par les mêmes motifs qui nous ont déterminé à ne pas admettre l'opinion de M. Ponsot dans la question précédente, nous croyons, en supposant prouvé que le créancièr a voulu procurer à la caution l'avantage de toucher les arrérages de la rente jusqu'à l'époque fixée par le remboursement, nous croyons que le débiteur principal devra subir la loi de son contrat, et qu'il ne pourra pas forcer cette caution à lui communiquer le bénéfice de la remise du terme. Autrement, on déplacerait la libéralité, on en ferait profiter le débiteur et non la caution; on méconnaîtrait l'intention du créancier qui a voulu gratifier le fidéjusseur. D'ailleurs, l'anticipation de payement consentie par le créancier est pour le débiteur *res inter alios acta :* il n'a pas le droit d'intervenir dans la convention passée entre le créancier et la caution. Enfin, le débiteur est tenu de rendre à la caution tout ce qu'elle a déboursé à son acquit; or elle a déboursé : 1° le capital payé ; 2° les arrérages qu'elle est censée avoir payés au créancier par anticipation, et avoir reçus de ce créancier à titre de donation. Si le débiteur pouvait se libérer en remboursant à la caution seulement le capital par elle payé, il ne lui restituerait pas tout ce qu'elle a déboursé, il la priverait du droit qu'a voulu lui conférer le créancier de toucher les arrérages. J'ajouterai que cette opinion était celle de Dumoulin, dont l'autorité est si grande en cette matière.

Jusqu'ici nous avons supposé qu'il n'y avait qu'un seul débiteur; mais comment les choses se passeront-elles, s'il y a plusieurs débiteurs principaux et une caution? Celle-ci, quand elle aura payé, pourra-t-elle, soit comme mandataire, soit comme gérant d'affaires, soit comme subrogée, recourir *in solidum,* contre chacun des débiteurs principaux?

Je ne parle pas ici du cas où les débiteurs sont simplement conjoints; alors, quand bien même la caution les aurait tous cautionnés, elle ne pourrait pas agir *in solidum* contre l'un d'entre eux, et cela, qu'elle se présente soit comme gérant d'affaires ou mandataire, soit comme subrogée; comme mandataire ou gérant d'affaires, car en payant la part de l'un elle n'a pas géré l'affaire des autres, n'a pas accompli le mandat qu'elle avait reçu des autres; comme subrogée, car le créancier n'avait contre chacun des débiteurs conjoints qu'une action divisée; il n'a pas pu transmettre plus de droits qu'il n'en avait lui-même. Je ne m'occuperai donc que de l'hypothèse où il y a plusieurs débiteurs principaux solidaires et une seule caution. Si la caution les a tous cautionnés, sans difficulté elle peut recourir contre chacun d'eux *in solidum,* et cela qu'elle invoque ou non la subrogation. L'art. 2030 qui prévoit cette hypothèse ne distingue pas à quel titre le fidéjusseur exerce son recours; il est ainsi conçu : « Lorsqu'il y avait plusieurs débiteurs principaux solidaires d'une même dette, la caution qui les a tous cautionnés a contre chacun d'eux le recours pour la répétition du total de ce qu'elle a payé. » Cette disposition peut se rattacher à la théorie du mandat; d'après l'art. 2002, lorsque le mandataire a été constitué par plusieurs personnes pour une affaire commune, chacune d'elles est tenue solidairement envers lui de tous les effets du mandat; or, le plus souvent la caution n'intervient que sur le mandat du débiteur; d'autre part l'affaire dont il s'agit est commune au premier chef à tous les débiteurs, puisqu'ils sont solidaires.

Si cette hypothèse ne présente pas de difficultés, il n'en est pas de même de celle où la caution est intervenue pour un seul des débiteurs solidaires. Ici encore, sans aucun doute, la caution peut recourir *in solidum* contre celui qu'elle a cautionné ; elle est subrogée *in solidum* aux droits du créancier contre ce débiteur (article 2029) ; mais à l'égard des autres codébiteurs, pour combien peut-elle recourir ? Il est certain qu'elle peut demander à chacun d'eux sa part contributoire dans la dette commune, car le débiteur qu'elle a cautionné pourrait, s'il avait payé la totalité, répéter de chacun de ses coobligés cette part contributoire (art. 1214), et la caution doit avoir autant de droits que lui ; mais ne pourrait-elle pas demander la totalité à l'un des codébiteurs qu'elle n'a pas cautionnés ? Prenons une hypothèse, et, pour simplifier autant que possible, supposons qu'il y a seulement deux codébiteurs solidaires, Primus et Secundus, d'une dette de 100 et une caution qui est venue cautionner Primus ; cette caution paye, pourra-t-elle demander 100 à Secundus ? Au premier abord, on pourrait être tenté de croire qu'elle aura ce droit en invoquant la subrogation ; car le créancier aurait pu agir *in solidum* contre chacun des débiteurs solidaires et la caution qui paye est subrogée à tous les droits du créancier (art. 2029).

Cependant, je crois que cette caution ne pourra pas demander à Secundus la totalité de la somme due, car si Primus qu'elle a cautionné eût payé, il ne pourrait demander à son codébiteur Secundus que sa quote part (art. 1214, C. Nap.) ; il est naturel que sa caution n'ait pas plus de droits que lui ; il ne faut pas que la position de Secundus soit empirée parce que Primus s'est fait cautionner ; c'est pour lui *res inter alios acta.* On peut aussi tirer en ce sens un argument *à contrario* de l'article 2030, qui n'accorde à la caution qui a payé l'action solidaire contre chaque débiteur, que dans le cas où elle les a cautionnés tous.

Je crois donc que le fidéjusseur pourra répéter du débiteur qu'il a cautionné la totalité de ce qu'il a payé, et ne pourra demander à chacun des autres codébiteurs qu'il n'a pas cautionnés que sa quote-part dans la dette.

Revenons à une question relative au bénéfice de discussion, que nous avons laissée de côté en nous occupant de ce bénéfice. Il y a deux débiteurs solidaires, Primus et Secundus ; l'un d'eux, Primus, a donné une caution, Tertius ; Tertius actionné peut, sans aucun doute, renvoyer le créancier à discuter Primus qu'il a cautionné ; mais peut-il le renvoyer à discuter Secundus ? Nous avons laissé de côté cette question parce que sa solution dépend du parti que l'on prend sur le point de savoir si le fidéjusseur, qui n'a cautionné que l'un des débiteurs solidaires, peut recourir pour le tout, non-seulement contre celui pour qui il est intervenu, mais aussi contre chacun des autres.

MM. Ponsot et Troplong, reproduisant sur cette question l'opinion de Pothier, disent que la caution est bien fondée à demander la discussion non-seulement de celui des débiteurs pour qui elle s'est rendue caution, mais même celle des autres, et ils donnent le même motif que Pothier : « On peut dire que celui qui s'est rendu caution pour l'un d'entre plusieurs débiteurs solidaires est aussi en quelque façon caution des autres, car l'obligation de tous ces débiteurs n'étant qu'une même obligation, en accédant à l'obligation de celui pour qui il s'est rendu caution il a accédé à celle de tous (Poth., *Oblig.*, n° 412). J'ai déjà essayé de réfuter cette proposition de Pothier ; je puis dire qu'il y a une grande différence entre le cas où le fidéjusseur a cautionné un seul des débiteurs solidaires et celui où il les a cautionnés tous. Indépendamment de ce que nous venons de voir relativement à la subrogation et aux limites dans lesquelles elle a lieu, nous avons vu, à propos du bénéfice de division, que la division ne peut avoir lieu qu'entre cofidéjusseurs du même débiteur : il n'est donc pas exact de dire qu'en accédant à l'obligation de l'un la caution a accédé à celle de tous. La base de ce système venant à manquer, je crois qu'il faut le rejeter et dire que le fidéjusseur peut renvoyer le créancier à discuter Primus qu'il a cautionné, mais non à discuter Secundus ; car on ne peut requérir la discussion que des personnes contre lesquelles on aurait un recours si on avait payé ; or, dans l'espèce la caution aurait bien un recours contre Secundus pour moitié de la dette, mais non pour le tout. D'autre part, si Secundus avait payé, il aurait également un recours contre la caution pour moitié. Or, peut-on admettre d'une part que si le créancier poursuit le fidéjusseur de Primus, ce fidéjusseur pourra exiger la discussion de Secundus, et, d'autre part, que si Secundus est forcé de payer, il pourra se faire subroger contre ce fidéjusseur ?

Il est vrai que si le fidéjusseur de Primus a recours contre Secundus pour moitié de la dette, on pourrait dire qu'il demandera la discussion de Secundus pour moitié de cette dette. Mais nulle part la loi n'a permis de renvoyer à discuter un débiteur pour une partie seulement de la dette, ce serait un bénéfice de division d'une nouvelle espèce non écrit dans le Code ; ce serait violer l'art. 1244 en forçant le créancier à recevoir un payement partiel. Ajoutons qu'il ne peut être question de bénéfice de discussion qu'entre débiteur et caution, et qu'ici la caution de Primus n'est pas caution de Secundus.

Nous pouvons encore dire que le créancier a le plus grand intérêt à n'être pas obligé de discuter les biens de tous ses débiteurs, discussion longue et difficile, et que, s'il s'est adressé à la caution, c'est que de ce côté il avait plus de chances d'obtenir promptement son payement.

Je crois donc que la caution de Primus ne pourra pas renvoyer le créancier à la discussion de Secundus.

SECTION III.

Effets de la subrogation dans les rapports des cofidéjusseurs entre eux.

Lorsque plusieurs personnes se sont rendues cautions d'un même débiteur pour une même dette, elles sont obligées chacune à toute la dette ; ce droit rigoureux est tempéré par le bénéfice de division, mais le plus souvent la caution a renoncé à ce bénéfice en s'obligeant. Supposons donc que la caution, soit volontairement, soit forcément, n'ait pas demandé la division et qu'elle ait payé toute la dette, n'aura-t-elle aucun recours contre ses cofidéjusseurs ? Le droit romain, sauf les dispositions de la loi Apuléia, décidait que la caution qui avait payé sans se faire céder les actions du créancier ne pouvait pas recourir contre ses coobligés.

Dans notre ancien droit, cette question se représenta et on accorda au fidéjusseur qui avait payé une action *negotiorum gestorum utilis* contre les autres : c'était l'opinion de Pothier, qui s'appuyait de l'autorité de Dargentré sur l'art. 213 de l'ancienne coutume de Bretagne, et de l'art. 194 de cette coutume réformée. On ne donnait ce recours à la caution que *effectu inspecto*, quand en faisant sa propre affaire elle avait fait celle de ses cofidéjusseurs, quand elle les avait libérés de la dette commune (Poth., *Oblig.*, n° 445).

Le Code a également donné à celui des fidéjusseurs qui a payé un recours contre les autres ; voici ce que porte l'art. 2033 : « Lorsque plusieurs personnes ont cautionné un même débiteur pour une même dette, la caution qui a acquitté la dette a recours contre les autres cautions, chacune pour sa part et portion ; — mais ce recours n'a lieu que lorsque la caution a payé dans l'un des cas énoncés en l'article précédent. »

Quel est le motif principal du recours que l'art. 2033 accorde à la caution qui a payé? Ce motif est qu'il est juste que le payement soit supporté contributoirement par tous ceux à qui il profite. L'action qu'a la caution contre tous ses cofidéjusseurs est donc une action *negotiorum gestorum* utile ; c'est ainsi que Pothier envisageait les choses, et il est probable que les rédacteurs du Code ont voulu suivre son opinion. Mais, outre ce recours qu'elle a de son chef, la caution pourra-t-elle invoquer contre ses cofidéjusseurs le bénéfice de la subrogation légale aux droits du créancier? Je le crois ; il est vrai que l'art. 2033 ne parle pas expressément de subrogation ; mais en ne s'expliquant pas sur ce point, cet article comprend aussi bien le cas où la caution invoque la subrogation que celui où elle ne l'invoque pas. Il peut être utile à la caution de se prévaloir de la subrogation contre ses cofidéjusseurs si le créancier avait contre eux des garanties spéciales. Dans d'autres cas, il lui est plus avantageux de ne pas s'en prévaloir, par exemple si le droit du créancier contre eux était sur le point d'être prescrit.

Nous allons parcourir les trois points suivants :

1° Contre quels fidéjusseurs peut s'exercer le recours de la caution ;

2° A quelles conditions est soumis le recours de la caution contre ses cofidéjusseurs ;

3° Dans quelle mesure s'exerce l'action en recours de la caution.

§ I. — *Contre quels fidéjusseurs peut s'exercer le recours de la caution.*

La loi donne ce recours à la caution qui a payé contre tous ceux qui, comme elle, ont cautionné le même débiteur pour la même dette ; l'art. 2033 n'exige que ces conditions ; mais cela suffit-il ? Ne faut-il pas en outre que les cofidéjusseurs contre lesquels la caution veut recourir soient intervenus en même temps qu'elle ou antérieurement ? En autres termes, cette caution peut-elle se prévaloir de l'art. 2033 contre les cofidéjusseurs dont l'engagement est postérieur au sien ?

La raison de douter, c'est que cette caution, s'étant

obligée avant ses cofidéjusseurs, n'a pas dû compter sur leur intervention et sur un recours à exercer contre eux. Leur obligation est pour elle *res inter alios acta*, elle ne doit pas en profiter et s'en prévaloir pour leur faire supporter une part dans le payement.

Cette raison de douter est écartée par la généralité des termes de l'art. 2033, qui, en accordant un recours à la caution qui a payé, ne s'occupe pas de l'ordre des cautionnements. On peut invoquer à l'appui de cet argument de texte le motif principal du recours de la caution, c'est qu'il est juste de faire contribuer au payement tous ceux à qui il profite ; or, ce payement libère toutes les cautions, quelle que soit la date de leur engagement.

Il faut donc, en présence de la généralité des termes de la loi, dire que lorsque plusieurs fidéjusseurs ont cautionné le même débiteur pour la même dette, celui qui a payé la totalité de cette dette a contre chacun des autres, pour se faire indemniser du payement qu'il a effectué dans un intérêt commun, un recours limité à la part virile de chacun de ses cofidéjusseurs, calculée sur le nombre de ceux qui sont solvables, sans s'occuper de la date des cautionnements.

§ II. — *A quelles conditions est soumis le recours de la caution contre ses cofidéjusseurs.*

Pour que la caution puisse exercer contre ses cofidéjusseurs le recours que lui donne l'art. 2033, il faut qu'elle ait payé. Cet article le dit formellement et à deux reprises différentes : « Lorsque plusieurs personnes ont cautionné un même débiteur pour une même dette, la caution qui *a acquitté* la dette a recours contre les autres chacune pour sa part et portion ; — mais ce recours n'a lieu que lorsque la caution *a payé* dans l'un des cas énoncés en l'article précédent. »

En s'exprimant ainsi, les rédacteurs du Code ont condamné une opinion qui s'était élevée dans notre ancienne jurisprudence où, du reste, elle n'avait pas prévalu. Quelques auteurs avaient soutenu que, dans le cas d'insolvabilité du débiteur principal, un fidéjusseur avait action contre ses cofidéjusseurs, non-seulement après avoir payé pour répéter d'eux leur part virile dans la dette, mais même avant d'avoir payé pour les forcer à contribuer avec lui au payement de la somme qu'ils devaient tous en commun. Ils prétendaient même qu'en cas d'insolvabilité du débiteur d'une rente constituée, l'un des fidéjusseurs avait action contre les autres pour les forcer à contribuer avec lui au rachat de cette rente. Pothier (*Oblig.*, n° 445) combattait déjà cette doctrine, que les termes de l'art. 2033 repoussent formellement. D'après cet article, la caution n'a de recours contre ses cofidéjusseurs qu'après avoir payé, et cela s'explique : car le payement seul peut faire naître à son profit, soit la subrogation, soit l'action *negotiorum gestorum* utile que l'équité lui a fait donner.

Pothier accordait cependant à la caution qui n'avait pas encore payé, mais qui était poursuivie par le créanciers, une action contre ses cofidéjusseurs pour qu'ils eussent à fournir chacun leur part de la somme demandée dont le payement devait faire cesser les poursuites, et il décidait que, faute par eux de ce faire, ils seraient tenus chacun pour leur part de frais faits depuis la dénonciation dés poursuites.

Cette opinion ne peut pas être reproduite sous le Code, car l'art. 2033 s'est servi deux fois d'expressions qui la repoussent en subordonnant le recours de la caution à la condition du payement; d'ailleurs, si l'action de la caution contre ses cofidéjusseurs est une action *negotiorum gestorum* utile, il faut que l'affaire ait été utilement gérée, c'est-à-dire qu'il y ait eu payement; si l'on veut que ce soit une conséquence de la subrogation, elle ne peut pas précéder le fait d'où naît la subrogation elle-même, c'est-à-dire le payement.

Le recours de la caution contre ses cofidéjusseurs est donc subordonné à la condition du payement; mais dès qu'elle aura payé, aura-t-elle ce recours? Non, il faut qu'elle ait payé ayant juste sujet de le faire, et elle n'aura eu juste sujet de payer, aux termes de l'art. 2033 (2ᵉ alinéa), que lorsqu'elle l'aura fait dans l'un des cas énoncés en l'art. 2032. Si le fidéjusseur avait payé hors de ces cas, l'action en recours lui échapperait.

Les cinq hypothèses prévues par l'art. 2032 sont-elles bonnes pour autoriser le fidéjusseur qui a payé à recourir contre les autres?

Suivant quelques auteurs la caution qui a payé n'aurait de recours contre ses cofidéjusseurs que dans les cas énoncés aux nᵒˢ 1, 2 et 4 de l'art. 2032 (*Duranton*, t. 18, nᵒ 366).

Cette opinion est en contradiction formelle avec le texte de l'art. 2033. Cet article, en donnant à la caution un recours quand elle a payé, dans l'un des cas énoncés en l'art. 2032, n'a fait aucune distinction entre les différentes hypothèses prévues par ce dernier article.

Cette opinion est encore en opposition flagrante avec l'explication que M. Chabot a donnée de l'art. 2033 dans son rapport au Tribunat : « Néanmoins, se sont les expressions de M. Chabot, ce fidéjusseur ne peut exercer le recours, s'il a payé sans avoir été poursuivi en justice par le créancier, ou sans que le débiteur fût en faillite ou en déconfiture, ou avant l'expiration du terme auquel le débiteur s'était obligé de lui rapporter décharge, ou avant l'échéance de l'obligation, ou avant l'expiration des dix années, lorsque l'obligation n'avait pas de terme fixe d'échéance, ou avant l'expiration du temps déterminé pendant lequel cette obligation était de nature à ne pouvoir s'éteindre (Fenet., t. 15, p. 58). » Il faut donc reconnaître que la caution a recours contre ses cofidéjusseurs, lorsqu'elle a payé dans l'une des hypothèses de l'article 2033, quelle que soit d'ailleurs cette hypothèse (Troplong, *Caut.*, n° 425 ; Aubry et Rau, t. III, § 428, note 1).

§ 3. — *Dans quelle mesure s'exerce l'action en recours de la caution.*

L'art. 2023 nous indique dans quelle mesure la caution qui a payé pourra exercer un recours contre ses cofidéjusseurs : elle ne pourra redemander à chacun d'eux que sa part et portion virile, et cela qu'elle agisse par l'action *negotiorum gestorum* utile, ou comme subrogée au droits du créancier, car l'art. 2033 peut s'appliquer à l'une comme à l'autre de ces hypothèses.

Cet article, qui tranche nettement la question pour le cas où la caution qui a payé ne peut invoquer que la subrogation légale, ne dit rien du cas où cette caution s'est

fait subroger conventionnellement par le créancier;
pourra-t-elle, dans ce cas, agir *in solidum* contre ses cofidéjusseurs, bien entendu sa part déduite?

Je ne le crois pas, car l'art. 875 Cod. Nap. supposant,
dans une hypothèse semblable, une subrogation conventionnelle, ne donne au subrogé qu'un recours divisé
contre ses codébiteurs, et je pense qu'on peut argumenter par analogie de cet article.

Si l'un des cofidéjusseurs est insolvable, pour combien
celui qui a payé pourra-t-il recourir contre les autres?
Nous connaissons le motif du recours accordé à cette caution : c'est qu'il est juste que tous ceux qu'elle a libérés
supportent contributoirement avec elle la charge du
payement ; ce motif doit nous conduire à décider que les
insolvabilités se répartiront contributoirement entre les
cautions solvables et celle qui a payé ; cette dernière
pourra, en conséquence, redemander aux autres leur
part virile calculée sur le nombre de celles qui sont solvables. C'est dans ces limites que les autres cautions pro-
fitent du payement, et il est nécessaire de procéder ainsi
pour maintenir entre elles l'égalité de position que le
législateur a eue en vue; on ne voit pas pourquoi la
caution qui a payé supporterait seule le fardeau de l'insolvabilité des autres.

L'art. 2026 montre que, pour rester dans l'esprit de la
loi, il faut procéder de cette manière. Voici ce qu'il porte :
« Lorsque, dans le temps où une des cautions a fait
prononcer la division, il y en avait d'insolvables, cette
caution est tenue proportionnellement de ces insolvabilités. »

Enfin, on peut argumenter par analogie de l'art. 1214,

qui, s'occupant du recours entre débiteurs solidaires, et prévoyant le cas où l'un d'eux serait insolvable, dit que la perte occasionnée par son insolvabilité, se répartit par contribution entre tous les autres codébiteurs solvables et celui qui a fait le payement.

SECTION IV.

Effets de la subrogation dans les rapports de la caution et du tiers détenteur.

La caution qui paye est-elle subrogée aux droits du créancier contre le tiers détenteur de l'immeuble hypothéqué pour sûreté de la dette principale garantie par le cautionnement? Cet immeuble peut se trouver dans les mains du tiers détenteur de deux manières différentes : ou bien il avait été hypothéqué par le débiteur principal pour sûreté de sa dette personnelle, et un tiers l'a acquis de ce débiteur soit à titre onéreux, soit à titre gratuit ; ou bien cet immeuble n'a pas changé de mains, il appartenait au propriétaire actuel, qui, sans vouloir s'obliger personnellement au payement de la dette, a consenti à hypothéquer son immeuble pour sûreté de cette même dette ; qui, en d'autres termes, s'est porté caution réelle.

Examinons séparément chacune de ces hypothèses.

Supposons d'abord que le tiers détenteur ait acquis, soit à titre onéreux, soit à titre gratuit l'immeuble hypothéqué par le débiteur, la caution sera-elle subrogée contre lui?

Dans un premier système, on dit que ce tiers acquéreur ne peut pas être inquiété par la caution.

Le principal argument que l'on invoque en faveur de cette opinion est tiré de l'art. 2170, d'après lequel le tiers détenteur a le droit de requérir la discussion des immeubles hypothéqués à la dette qui sont demeurés dans la possession du principal ou des principaux obligés ; on prétend que la caution, obligé accessoire dans ses rapports avec le débiteur principal, est un obligé principal dans ses rapports avec le tiers détenteur ; on dit qu'il y aurait incompatibilité entre le droit pour le tiers détenteur de renvoyer le créancier à la discussion des immeubles hypothéqués à la dette, qui sont en la possession de la caution, et le droit pour celle-ci d'exercer, après avoir payé, un recours contre ce même tiers détenteur.

On cherche ensuite à établir la base de cet argument, savoir que la caution est comprise par l'art. 2170 dans cette expression *débiteurs principaux*. Voici ce que dit, à cet égard, M. Troplong, qui soutient ce système : « Dans la bouche des jurisconsultes les mots *obligés principaux* ont toujours compris les cautions alors qu'il s'est agi de dessiner la différence de position qui existe entre le tiers détenteur tenu *re tantum* et ceux qui ont contracté un engagement personnel ; le fidéjusseur est, par rapport au tiers détenteur, un obligé personnel, parce que le lien personnel, qui est le lien principal, l'enchaîne invinciblement, tandis que le tiers détenteur, n'étant pas obligé personnel, n'est jamais tenu qu'à titre d'accessoire (Troplong, *Caut.*, n° 429). »

Dans ce premier système, on argumente des art. 1251-3° et 1252 combinés. Si le tiers détenteur, dit-on, paye lui-même le créancier, il sera subrogé (art. 1251-3°), tant contre le débiteur principal que contre les cautions (article 1252), et cette subrogation lui donnera une action entière; car le tiers détenteur n'étant pas obligé personnel, n'a pas de part virile à supporter et on ne peut lui imposer aucun retranchement personnel; dans cette première opinion, loin de donner à la caution une action contre le tiers détenteur, on en donne une contre elle au tiers détenteur qui a payé.

On s'appuie encore sur les derniers mots de l'art. 2023. Quand la caution invoque le bénéfice de discussion, elle ne peut pas demander la discussion des biens hypothéqués à la dette qui ne sont plus en la possession du débiteur, mais qui sont entre les mains de tiers détenteurs; or, dit-on, on ne peut demander la discussion que des personnes contre lesquelles on pourrait recourir, si l'on avait payé; la caution ne peut pas renvoyer à la discussion du tiers détenteur: c'est donc qu'elle n'a pas de recours contre lui.

Enfin, on invoque l'autorité de l'histoire : suivant M. Troplong, « cette opinion est non-seulement la plus générale, mais elle a encore pour elle l'autorité des noms les plus vénérés, les Favre, les Loyseau, les Pothier. »

Je crois cependant que l'on doit admettre l'opinion contraire, et décider que la caution peut invoquer la subrogation contre le tiers détenteur. En effet, cette caution a payé étant tenue pour d'autres, et, en vertu de l'article 1251-3°, elle est subrogée aux droits du créancier et par suite à l'hypothèque qu'avait ce créancier. En s'obligeant, elle a compté que, si elle payait la dette, elle serait subrogée aux droits du créancier personnellement contre le débiteur et hypothécairement contre le fonds. Il ne faut pas que le débiteur, en aliénant le fonds, puisse la priver des sûretés sur lesquelles elle a dû compter.

Mais il faut répondre aux arguments du premier système. La caution tenue personnellement est, dit-on, un obligé principal relativement au tiers détenteur obligé *re tantum*, et l'art. 2170 permet à celui-ci de demander la discussion du débiteur principal et par suite des cautions, ce qui est incompatible avec l'idée d'un recours accordé à la caution contre ce tiers détenteur. Cet argument serait concluant, au moins dans les cas où le tiers détenteur a le bénéfice de discussion, s'il était prouvé que le législateur eût voulu comprendre les cautions dans les expressions *principaux obligés;* il serait alors certain que la loi aurait voulu donner aux tiers détenteurs une position préférable à celle des cautions; mais rien ne vient à l'appui de cette assertion. Le sens natuturel et ordinaire des mots résiste à cette interprétation. Dans toutes les dispositions de la loi relatives au cautionnement, l'expression débiteur principal désigne la personne dans l'intérêt de qui la dette a été contractée, jamais elle ne désigne à la fois le débiteur et la caution. On peut voir les art. 1287, 1288, 1294, 2014, 2022, 2023, 2028, 2030, 2031, 2035, 2039, 2040, etc. Cela étant, la caution n'est pas principal obligé puisqu'elle n'est pas obligée pour elle-même; elle est donc débiteur accessoire, et l'argument tiré du texte de l'art. 2170 est sans valeur; le tiers détenteur, d'après cet article, n'est préférable qu'aux débiteur principaux.

Mais, dit-on, si le tiers détenteur paye, il sera subrogé (art. 1251-3°) tant contre le débiteur principal que contre

les cautions (art. 1252); vous ne pouvez donc pas déclarer la caution subrogée contre ce tiers détenteur.

La caution peut répondre par le même argument et
invoquer aussi l'art. 1251-3°; alors comment sortir d'embarras? Il faut rechercher lequel de la caution ou du
tiers détenteur est le plus favorable, et je dis que c'est la
caution. En effet, en s'obligeant elle a dû compter sur
l'hypothèque, et elle ne doit pas en être privée par l'aliénation de l'immeuble hypothéqué, aliénation à laquelle
elle n'a pas pu s'opposer.

Ajoutons que, si le tiers détenteur se présente, il viendra comme subrogé aux droits du créancier; alors la caution ne sera-t-elle pas en droit de lui répondre : « Vous in-
voquez les droits du créancier ; mais si vous avez ces droits
vous devez les avoir pris avec leurs charges, et le créancier était obligé envers moi à me conserver toutes les sûretés accessoires de la dette pour me les transmettre au moment où je le payerais (art. 2037) ; si cette subrogation
aux droits, hypothèques et priviléges du créancier ne peut
plus, par le fait de ce créancier, s'opérer en ma faveur, je
suis libérée du cautionnement, je suis donc libérée envers
vous ; car vous représentez le créancier et vous ne pouvez
pas diminuer à mon préjudice par votre acquisition, c'est-
à-dire par votre fait, les sûretés qui garantissaient la
créance primitive, sans que je sois déchargée envers vous. »

La caution est d'autant plus favorable que si le tiers détenteur est en perte, c'est qu'il l'a bien voulu : en effet,
notre régime hypothécaire repose sur le système de la publicité, le tiers aquéreur pouvait connaître la charge hypothécaire qui grevait le fonds dans les mains de son auteur, pourquoi s'est-il rendu acquéreur? D'ailleurs à quel

titre a-t-il acquis cet immeuble? Est-ce à titre onéreux, à titre de vente, par exemple? Il avait un moyen très-simple d'éviter la poursuite hypothécaire de la part du créancier : il n'avait qu'à recourir aux formalités de la purge; il a payé sans avoir soin de purger : il a commis une imprudence dont les conséquences doivent retomber sur lui et non pas sur la caution. A-t-il acquis à titre d'échange? Ici encore il est moins favorable que la caution, car il pouvait se libérer en délaissant : il évitait ainsi de payer le créancier hypothécaire et, comme il était évincé, il avait, par application des règles de l'échange, le droit de répéter sa chose (art. 1705). Il n'a donc, comme le fait remarquer M. Ponsot, rien perdu que le bénéfice d'un contrat qui ne doit pas l'enrichir aux dépens d'autrui. A-t-il acquis à titre gratuit? *a fortiori* ne peut-on pas le préférer à la caution, car il s'enrichirait au détriment de cette dernière, et dans le système que je combats, on refuse la subrogation à la caution aussi bien contre l'acquéreur à titre gratuit que contre l'acquéreur à titre onéreux : ce qui est complétement inadmissible.

On nous oppose l'art. 2023 d'après lequel la caution qui requiert la discussion ne peut pas indiquer les biens hypothéqués à la dette qui ne sont plus en la possession du débiteur.

La réponse est simple : cet art. 2023 n'a pas été fait dans l'intérêt du tiers détenteur, mais dans l'intérêt du créancier, les travaux préparatoires le prouvent. Nous avons vu en étudiant l'art. 2023 la discussion qui s'est élevée sur cette disposition entre MM. Chabot et Goupil de Préfeln, et nous avons remarqué que jamais dans cette discussion il n'a été question de la faveur relative que méritaient la caution et le tiers détenteur ; on n'a parlé que des intérêts du créancier : en effet, le tiers détententeur peut prendre des partis très-onéreux pour lui, il peut purger et par suite obliger le créancier à recevoir un prix inférieur à la valeur de l'immeuble ou à chercher la somme nécessaire pour surenchérir.

Quant à l'autorité de l'histoire, je ne recherche pas ce que disaient les Favre, les Loyseau, les Pothier ; mais, en admettant qu'ils préférassent le tiers détenteur à la caution, on n'en pourrait rien conclure, puisque les hypothèques, au lieu d'être occultes comme autrefois, sont maintenant soumises au régime de la publicité, et que le tiers détenteur, en payant sans remplir les formalités de la purge, commet une imprudence qui ne doit pas retomber sur la caution. Je crois donc que la caution pourra se prévaloir de la subrogation contre le tiers acquéreur de l'immeuble.

Supposons maintenant que le tiers détenteur de l'immeuble hypothéqué soit une caution réelle. Ce n'est plus un ayant cause du débiteur, c'est un tiers qui, sans vouloir s'obliger personnellement au payement de la dette principale, a consenti à hypothéquer son immeuble pour sûreté de cette dette ; la caution personnelle aura-t-elle, quand elle aura payé, un recours contre le tiers détenteur ? En d'autres termes, la perte résultant de l'insolvabilité du débiteur principal sera-t-elle supportée en totalité par la caution personnelle, ou contributoirement avec elle par la caution réelle ?

Le débiteur empruntant une somme de 10,000 fr. donne au créancier pour sûreté de cette dette une caution personnelle Primus, et un tiers Secundus consent à se porter caution réelle, c'est-à-dire à hypothéquer son immeuble pour garantie de cette obligation. Primus paie, pourra-t-il forcer Secundus à lui rembourser une partie de ce qu'il a payé?

M. Troplong soutient que la caution personnelle doit supporter seule tout le fardeau de la dette. Voici comment il argumente : Secundus n'a contracté aucun engagement personnel, il n'était pas tenu de payer; Primus, en payant, n'a donc pas géré son affaire et, par suite, n'a contre lui ni l'action directe, ni l'action utile de gestion d'affaires. Primus ne peut pas se prévaloir de l'art. 1251-3° pour se prétendre subrogé au créancier dans le droit d'agir contre l'immeuble hypothéqué, car les obligés personnels sont liés plus étroitement que les obligés *re tantum*, ces derniers n'étant tenus qu'à défaut des débiteurs personnels (art. 2170). — Secundus n'a engagé sa chose que pour sûreté de l'engagement personnel; quand cet engagement a été rempli, la chose est immédiatement libérée. L'extinction de la dette principale emporte l'extinction de la dette accessoire. Si Secundus eût payé, il aurait un recours contre les cautions en vertu de la subrogation légale dans les droits du créancier (art. 1251-3° et 1252). Cette subrogation, ajoute M. Troplong, ne peut être diminuée par aucune part à lui personnelle puisqu'il n'est pas obligé personnel (Troplong, *Caut.*, n° 427).

Je ne crois pas que cette opinion doive être admise, et je pense que la caution personnelle peut, en vertu de l'art. 1251-3°, exercer un recours contre la caution réelle comme subrogée aux droits du créancier; nous verrons plus tard dans quelles limites.

Reprenons d'abord les arguments du premier système, et voyons jusqu'à quel point ils sont fondés.

« Secundus n'a contracté aucun engagement personnel, il n'était pas tenu de payer ; Primus n'a donc pas contre lui l'action *negotiorum gestorum* utile. »

Cette première proposition n'est pas exacte : le tiers détenteur est évidemment tenu de payer, sauf à s'affranchir de cette obligation par le délaissement. Peut-on regarder comme n'étant pas tenu celui qui, s'il ne paye pas, sera poursuivi par une action hypothécaire, sera exproprié d'un immeuble dont la valeur est égale, souvent même supérieure au montant de la dette hypothéquée ? L'art. 2168 dit positivement qu'il est tenu, et le premier système le reconnaît si bien que si le tiers détenteur paye, il lui accorde la subrogation légale de l'art. 1251-3° ; c'est donc que la caution réelle *est tenue* avec d'autres ou pour d'autres. Cela étant, on ne peut pas dire que Primus n'a pas d'action de gestion d'affaires utile contre Secundus. Si Primus, caution personnelle, ne paye pas, Secundus devra payer ou délaisser ; si, au contraire, il paye, Secundus ne devra rien au créancier. En payant, Primus fait donc l'affaire de Secundus ; il est vrai qu'il n'a pas eu pour but principal et direct d'affranchir la caution réelle, mais de se libérer lui-même ; cependant le payement qu'il a fait n'en a pas moins profité à Secundus, et Pothier n'eût pas hésité à lui donner une action de gestion d'affaires non pas directe, mais utile. Les choses se passent ici de même qu'entre les cofidéjusseurs : celui d'entre eux qui paye n'a pas pour but principal de libérer les autres, mais de se libérer lui-même ; et cependant il a contre eux une action *negotiorum gestorum* utile, car indirectement il a fait leur affaire en les libérant d'une dette commune.

J'ajouterai que fût-il vrai que la caution n'eût contre le tiers détenteur aucune action de gestion d'affaires, elle n'en aurait pas moins le droit d'agir contre eux comme subrogée aux droits du créancier; car ce n'est pas seulement contre ceux que le subrogé peut atteindre de son chef par une action personnelle de gestion d'affaires qu'il peut recourir. Le bénéfice de cession d'actions, origine de la subrogation, a eu précisément pour but principal de donner à la caution un recours contre ceux qu'elle ne pouvait pas atteindre de son chef, contre ses cofidéjusseurs. Est-il probable que le Code, qui donne à la caution la subrogation légale, lui soit moins favorable que le droit romain, qui ne lui accordait que le bénéfice de cession d'actions?

Mais, disent les partisans du premier système, Primus chercherait en vain à se prévaloir de l'art. 1251-3°, car les obligés personnels sont plus étroitement liés que les obligés *re tantum*.

Cet argument n'est pas concluant. Il est bien vrai que, vis-à-vis du créancier, l'obligation de la caution personnelle obligée sur tout son patrimoine est plus étendue que celle de la caution réelle tenue seulement sur les biens hypothéqués; mais de l'inégalité dans l'étendue de l'obligation, on ne peut pas conclure à l'inégalité dans l'énergie du lien : l'obligé personnel est tenu sur tous ses biens; mais rien ne l'empêche de contracter de nouvelles dettes, de devenir insolvable, de dissiper ses biens, de les aliéner à des tiers entre les mains de qui le créancier ne pourra pas les suivre; le créancier hypo-

thécaire n'a rien de semblable à craindre, car le propriétaire de l'immeuble hypothéqué ne peut le soustraire
à l'action du créancier, ni en contractant de nouvelles
dettes, ni en l'aliénant. On peut donc dire qu'à cet égard
la caution réelle est tenue plus énergiquement que la
caution personnelle. Mais admettons que les obligés
personnels soient plus étroitement liés envers le créancier que l'obligé *re tantum;* il n'en est pas moins vrai
que, dans leurs rapports respectifs, l'obligé *re tantum*
et le fidéjusseur sont tenus l'un comme l'autre; il n'y a
en réalité aucune différence entre ces deux personnes :
ce sont deux tiers tenus l'un hypothécairement, l'autre
personnellement, de la dette d'autrui. En ce qui concerne
le bénéfice de subrogation, on doit les mettre sur la même
ligne.

« Les obligés *re tantum*, dit-on, ne sont tenus qu'à défaut des obligés personnels, art. 2170.»

J'ai déjà réfuté plus haut cet argument en démontrant
que les cautions ne sont pas comprises dans les mots
obligés principaux de l'art. 2170.

« Les obligés *re tantum* n'ont engagé leur chose que
pour sûreté de l'engagement personnel; quand l'engagement personnel a été rempli, la chose est immédiatement
libérée. La dette principale étant éteinte, l'accessoire de
cette dette disparaît.»

C'est là une affirmation que l'on ne justifie pas. Sans
doute la caution serait un débiteur principal vis-à-vis du
tiers qui aurait hypothéqué son immeuble pour sûreté du
cautionnement; mais nous ne raisonnons pas dans cette
hypothèse; nous supposons que l'hypothèque garantit non
pas la dette née du cautionnement, mais la dette princi-

pale garantie à la fois et par une caution réelle et par une caution personnelle ; dans cette hypothèse, en quoi l'hypothèque accède-t-elle à l'engagement de la caution? En quoi peut-elle en dépendre?

Je dis au contraire que la caution personnelle et la caution réelle sont des cogarants de la même dette et, pour le prouver, je vais examiner les trois cas qui peuvent se présenter : — 1er cas. Primus caution personnelle, et Secundus caution réelle, sont intervenus en même temps : ils ont promis la même chose, la solvabilité du débiteur; à la vérité ils ne l'ont pas promise de même, mais ils ne s'en sont pas moins associés pour donner une garantie au créancier. Secundus n'est pas le certificateur de Primus, car ce qu'il a promis ce n'est pas la solvabilité de Primus, mais celle du débiteur principal.—2e cas. La caution réelle Secundus est intervenue avant la caution personnelle Primus; on ne peut pas soutenir dans ce cas que Secundus en s'obligeant n'a pas eu d'autre but que de se porter certificateur de Primus, qui n'était pas encore obligé. L'hypothèque n'est bien certainement pas l'accessoire d'une dette qui n'existait pas encore, dont rien ne faisait présumer l'existence lors de la constitution de cette hypothèque.—3e cas, enfin. La caution personnelle Primus s'est obligée avant la caution réelle Secundus. Dans ce cas, on pourrait soutenir logiquement que Secundus s'est porté certificateur réel de Primus et caution réelle du débiteur; mais ce système ne serait pas dans l'esprit du Code. Nous pouvons appliquer ici par analogie ce qui se passe lorsque plusieurs personnes se portent cautions du même débiteur à des époques différentes; celle qui s'est obligée la première peut demander la division avec celles qui se sont obligées postérieurement, peut recourir contre ces dernières; l'esprit du Code n'est pas de considérer la caution la plus récente comme le certificateur de la plus ancienne; au contraire, le législateur les met toutes sur la même ligne. Il faut appliquer à la caution réelle la même théorie, c'est un garant pour le créancier. Ce n'est pas le certificateur de Primus : car ce n'est pas de la solvabilité de Primus qu'elle a répondu, mais de la solvabilité du débiteur principal; c'est le cogarant de Primus, car elle a cautionné la même dette et même débiteur.

Dans le premier système on ajoute que si Secundus eût payé, il aurait une action en recours contre Primus en vertu de la subrogation légale dans les droits du créancier, et que cette subrogation ne pourrait être diminuée par aucune part à lui personnelle, puisqu'il n'est pas obligé personnel.

Cet argument ne doit pas nous arrêter; car si le tiers détenteur n'est pas obligé personnel, le fonds qu'il détient n'est pas étranger à la dette; ce fonds serait poursuivi par l'action hypothécaire. Le payement fait par la caution affranchit cet immeuble de l'hypothèque aussi bien qu'il a affranchi la caution de l'action personnelle; pourquoi cet immeuble ne contribuerait-il pas au payement?

Voilà réfutés les arguments du 1er système, que reste-t-il? Nous sommes en présence de l'art. 1251-3°: la caution a payé, étant tenue avec d'autres ou pour d'autres; elle sera donc subrogée aux droits du créancier contre le tiers détenteur; mais d'autre part ce tiers détenteur, s'il avait payé, devrait être subrogé aux droits du créancier, et cela tant contre le débiteur principal que contre les cautions ; comment concilier ces deux droits en apparence contradictoires?

Le moyen le plus simple et le plus naturel de sortir d'embarras est de faire supporter la perte résultant de l'insolvabilité du débiteur contributoirement par la caution personnelle et par la caution réelle ; seulement, on n'est pas d'accord sur les bases d'après lesquelles devra se faire la contribution. Suivant M. Ponsot (n° 285), elle doit s'opérer entre la caution et le tiers détenteur comme s'il s'agissait de cautions personnelles, c'est-à-dire que chacun contribuera pour sa part et portion virile. M. Ponsot reconnait qu'il est singulier de parler de la part et portion virile d'un tiers détenteur; mais, suivant lui, cette contribution par portion virile est la seule possible. « Il est équitable, dit-il, que le fonds hypothéqué à la dette d'autrui, tenu de toute la dette comme la caution personnelle, en supporte la charge comme elle. » La caution réelle et la caution personnelle sont soumises aux mêmes chances de perte, pourquoi ne contribueraient-elles pas également au payement qui les libère?

Il n'est pas exact de dire que la caution réelle et la caution personnelle soient toujours soumises aux mêmes chances de perte. Oui, les chances de perte sont les mêmes si le fonds hypothéqué a une valeur égale ou supérieure au montant de la dette; car, alors, chacune de ces cautions est exposée à perdre une valeur égale au montant de cette dette; la caution personnelle est exposée à payer toute la dette, 10,000 fr. par exemple; la caution réelle, qui a hypothéqué à cette même dette un immeuble qui vaut 10,000 fr. ou plus, est exposée à payer cette somme de 10,000 fr., si elle n'aime mieux délaisser son immeuble ; les parties sont menacées d'une perte égale ; cette perte doit se répartir également entre elles. Mais si l'immeuble hypothéqué a une valeur inférieure au montant de la dette, il ne vaut que 5,000 fr., tandis que la dette est de 10,000 fr.; les chances de perte ne sont plus égales, la caution personnelle devrait payer 10,000 fr., et la caution réelle pourrait se libérer en abandonnant une valeur de 5,000 fr.; la perte se répartira entre elles proportionnellement au montant de l'obligation de chacune. Les choses se passeront comme s'il s'agissait de deux cautions personnelles dont l'une aurait garanti la totalité de la dette, et l'autre la moitié seulement; cette dernière n'aurait certainement à contribuer avec la première que proportionnellement à la partie de la dette par elle garantie; or, le tiers qui a hypothéqué à la dette un immeuble dont la valeur est inférieure au montant de cette dette, n'est réellement caution que jusqu'à concurrence de cette valeur, et le même principe de répartition doit dès lors lui être appliqué (Aubry et Rau, t. 3, § 321, note 62).

Ces principes vont nous servir à décider une autre hypothèse prévue par M. Ponsot. La dette principale est de 15,000 fr. : il y a une caution personnelle, deux cautions réelles, Primus et Secundus; Primus a hypothéqué un immeuble de 12,000 fr., Secundus un immeuble de 6,000 fr.; le débiteur principal est insolvable; comment se répartira la perte? M. Ponsot veut que chacun d'eux en supporte le tiers, comme s'il s'agissait de trois cautions personnelles obligées chacune à la totalité de la dette. Nous ne déciderons pas de même : nous établi-

rons la contribution comme s'il s'agissait de trois cautions personnelles dont l'une aurait garanti la totalité de
la dette (15,000 fr.), la seconde se serait obligée pour
12,000 fr., et la troisième pour 6,000 fr.

SECTION V.

(Article 2037).

L'art. 2037 est ainsi conçu : « La caution est déchargée
lorsque la subrogation aux droits, hypothèques et priviléges du créancier ne peut plus par le fait de ce créancier s'opérer en faveur de la caution. »

Nous examinerons sur cet article les quatre questions
suivantes :

1° Quelles cautions peuvent invoquer la disposition de
l'art. 2037?

2° Le créancier n'est-il responsable envers la caution
que des sûretés qu'il perd par un fait positif, ou doit-il
répondre aussi de celles qu'il laisse perdre par sa négligence?

3° La déchéance prononcée contre le créancier par
l'art. 2037 s'applique-t-elle aussi bien au cas où les sûretés qu'il a laissé perdre ont été acquises depuis l'intervention de la caution qu'au cas où elles l'ont été antérieurement?

4° La perte partielle des sûretés libère-t-elle intégralement ou partiellement la caution?

§ 1.—Quelles cautions peuvent invoquer le bénéfice de
l'art. 2037.

Pour répondre à cette question, il importe de bien se

fixer sur la base, sur l'origine de l'art. 2037 : l'opinion générale est que cet article a pour but de sanctionner la subrogation établie au profit des cautions; cependant M. Troplong soutient que la base de notre article se trouve dans le bénéfice de discussion; il en conclut que les personnes seules qui ont ce bénéfice peuvent invoquer la disposition de l'art. 2037.

Voici comment il cherche à établir sa théorie. Dans l'ancien droit romain, le créancier ne contractait envers le fidéjusseur aucune obligation de lui conserver ses actions; le fidéjusseur avait bien le bénéfice de cession d'actions fondé sur l'équité, mais il suffisait que le créancier cédât ses actions telles qu'il les avait au moment où la cession était requise. Seul, le fidéjusseur s'obligeait.

Il en était autrement du *mandator pecuniæ credendæ*, qui était libéré vis-à-vis du créancier lorsque celui-ci s'était mis par son fait ou par sa faute dans l'impossibilité de céder ses actions contre l'emprunteur. Dans le *mandatum pecuniæ credendæ*, il y avait des obligations réciproques.

Cet état de choses persista jusqu'à Justinien, qui, dans sa Novelle 4, investit le fidéjusseur du droit de demander la discussion du débiteur principal, et ce droit eut pour conséquence nécessaire de mettre le créancier dans l'impossibilité de rien faire qui fût de nature à en priver le fidéjusseur directement ou indirectement. L'Empereur, en décidant que les cautions ne seraient tenues que d'une manière subsidiaire, décidait par là même que le créancier n'aurait plus la même liberté qu'auparavant de disposer de ses actions; autrement, il aurait pu à

son gré priver le fidéjusseur du bénéfice de la loi. Le
créancier étant tenu par l'effet irrésistible de la Novelle
de conserver son droit intact contre le débiteur, ne peut
plus céder ses actions telles quelles; il doit les céder
intactes pour que le fidéjusseur trouve dans la discussion qu'il fait lui-même les mêmes ressources que le
créancier y eût trouvées s'il l'eût renvoyé à faire la discussion. Ce fidéjusseur, lorsqu'il paye immédiatement
sans invoquer le bénéfice de discussion, en se conten-
tant de la cession des actions, fait une grâce au créancier; il doit être aussi bien traité que lorsqu'il requiert
la discussion. Voilà, suivant M. Troplong, la véritable
source du point de droit déposé dans notre article; ce
n'est pas le corollaire de l'obligation où était le créancier
de céder ses actions; car, dans l'ancien droit romain,
cette obligation existait, et le créancier y satisfaisait en
cédant ses actions telles quelles; ce n'est que depuis
l'introduction du bénéfice de discussion qu'il en est autrement.

L'opinion de beaucoup la plus générale est que la disposition de l'art. 2037 n'a pas cette origine, mais est la
sanction de la subrogation légale.

En effet, si nous cherchons dans les ouvrages de nos
anciens auteurs comment ils envisageaient les choses,
voici ce que nous lisons dans le *Traité des obligations*,
de Pothier : « Lorsque le créancier s'est mis par son
fait hors d'état de pouvoir céder au fidéjusseur ses actions, soit contre le débiteur principal, soit contre les
autres fidéjusseurs, soit parce qu'il les a déchargés, soit
parce qu'il a par sa faute donné congé de sa demande
contre eux, le fidéjusseur peut *per exceptionem cedenda-*

rum actionum, faire déclarer le créancier non-recevable en sa demande pour ce qu'il n'aurait pu procurer au fidéjusseur la cession des actions que le créancier s'est mis hors d'état de pouvoir lui céder, » et la raison qu'il en donne peut se formuler ainsi : c'est que les cautions ont compté, pour assurer leur recours, sur les garanties qui accompagnaient déjà la dette lors de leur intervention. Suivant Pothier, l'obligation pour le créancier de conserver ses actions est donc le corollaire de la cession des actions; il ne la fait pas dériver du bénéfice de discussion, car il ne distingue pas pour prononcer la déchéance si les cautions ont ou n'ont pas le bénéfice de discussion. Auparavant, Dumoulin, qui enseignait déjà la doctrine consacrée législativement par l'art. 2037, la basait sur des considérations d'équité. Il en était de même de Loyseau et de Doneau; tous ces auteurs faisaient dériver la responsabilité du créancier du bénéfice *cedendarum actionum*, mais ils ne parlent pas du bénéfice de discussion.

N'est-il pas probable que les rédacteurs du Code ont voulu suivre la théorie de Pothier, leur guide habituel, plutôt qu'une doctrine qu'on prétend faire résulter de la législation romaine, qui n'était écrite dans aucun texte, et que ne reproduisaient pas nos anciens auteurs? N'est-il pas probable que, trouvant dans Pothier une disposition analogue à l'art. 2037, disposition dérivant de la cession d'actions, ils ont voulu faire de l'art. 2037 la sanction de la subrogation légale qu'ils substituaient à la cession d'actions?

Cette probabilité devient une certitude quand on se reporte aux travaux préparatoires.

L'art. 2023 refuse à la caution le droit de renvoyer le créancier discuter les immeubles hypothéqués à la dette qui ne sont plus entre les mains du débiteur. M. Goupil avait critiqué cette restriction au bénéfice de discussion, et il avait dit qu'il serait à craindre que le débiteur ne s'entendît avec un tiers pour enlever à la caution le bénéfice de discussion (Fenet, t. 15, p. 67), M. Chabot répond : «Il peut y avoir, a-t-on dit, encore une connivence entre le créancier et le débiteur. Mais la caution n'est-elle pas subrogée à tous les droits du créancier, et n'est-elle pas déchargée lorsque cette subrogation ne peut avoir lieu par le fait du créancier? » (Fenet, t. 15, p. 71.) Où pourrait-on trouver une preuve plus certaine que les rédacteurs du Code n'entendaient pas faire dépendre l'art. 2037, du bénéfice de discussion? Voilà un cas où la caution est privée de ce bénéfice et où cependant elle peut invoquer la disposition de l'art. 2037, et la raison même qui fait refuser à la caution dans l'espèce le bénéfice de discussion, c'est qu'elle trouve dans la subrogation aux droits du créancier et dans la déchéance prononcée contre lui, lorsque par son fait la subrogation devient impossible, c'est-à-dire dans la disposition de l'art. 2037, une garantie suffisante. Le tribun Lahary, dans son Exposé de motifs au Corps législatif, s'exprimait ainsi sur l'art. 2037 : « Le fidéjusseur doit sans doute s'interdire tout ce qui peut compromettre la garantie de l'obligation qu'il a cautionnée; mais, de son côté, le créancier ne doit-il pas s'interdire aussi tout ce qui tendrait à ravir au fidéjusseur les moyens d'être indemnisé du cautionnement qu'il a fourni ? C'est pour maintenir entre eux ce devoir de réciprocité que le projet décharge le fidéjusseur de son obli-

.gation, lorsque la subrogation aux droits, hypothèques et priviléges du créancier ne peut plus par le fait de ce créancier s'opérer en sa faveur (Fenet., t. 15, p. 87). »

Quels sont les moyens pour la caution d'obtenir une indemnité? Ce ne sont pas les bénéfices de discussion et de division, c'est la subrogation ; les obligations qui résultent du cautionnement sont corrélatives : la caution doit payer; mais le créancier ne doit pas ravir au fidéjusseur le moyen d'être indemnisé. La sanction de cette obligation du créancier est l'extinction de l'obligation de la caution quand le créancier manque à son devoir.

Enfin M. Treilhard lui aussi fait dériver l'art. 2037 de l'obligation légale de subroger (Fenet., t. 15, p. 45). Nous dirons donc d'après les précédents, d'après les travaux préparatoires que l'art. 2037 se réfère à la subrogation légale et n'est pas la conséquence du bénéfice de discussion.

Ceci posé, revenons à notre question: quelles cautions ont le bénéfice de l'art. 2037 ? On a prétendu que c'étaient seulement les cautions qui avaient le bénéfice de discussion, et en conséquence on a voulu priver du droit d'opposer au créancier la déchéance de l'art. 2037 toutes les cautions qui par un motif quelconque ne pourraient pas demander la discussion du débiteur, et pour cela on s'appuie sur l'origine que l'on prétend donner à notre article, origine qui se trouverait dans le bénéfice de discussion. J'ai déjà répondu à cet argument en démontrant que l'art. 2037 est le complément de la subrogation et qu'il ne dépend pas du bénéfice de discussion.

Cela étant, je crois que toutes les cautions, sans distinguer si elles ont ou non le bénéfice de discussion, peuvent invoquer contre le créancier la déchéance de l'article 2037. Effectivement, si nous nous reportons au texte même de cet article, la première pensée qui vient à l'esprit est que sa disposition est générale, absolue; que toute caution peut l'invoquer: rien dans les termes de la loi n'indique une limitation. C'est ce que reconnaît la Cour de cassation à propos des cautions solidaires, pour lesquelles s'élève le plus souvent la question que nous examinons. Si la loi n'avait eu en vue que les cautions qui jouissent du bénéfice de discussion, elle aurait évité d'employer des expressions aussi générales que celles de l'art. 2037; elle se serait exprimée d'une manière restrictive, elle aurait dit: « La caution est déchargée lorsqu'elle est privée par le fait du créancier du bénéfice de discussion. »

Cette interprétation littérale de l'art. 2037 est conforme à l'intention des parties et à l'équité; car lorsqu'une caution s'engage, elle prend en considération les sûretés qui accompagnaient la créance; elle compte sur la subrogation à ces sûretés pour obtenir son remboursement dans le cas où elle serait forcée de payer; si elle renonce au bénéfice de discussion, si elle s'oblige solidairement, c'est qu'elle trouve dans la subrogation des garanties suffisantes; il ne faut pas tromper son attente légitime, la priver des sûretés sur lesquelles elle comptait et qui seules peut-être ont déterminé son intervention.

Cette interprétation littérale est conforme aux précédents et à l'intention du législateur. Aux précédents, Pothier, nous le savons, permettait à toutes les cautions ssns distinction d'invoquer la déchéance contre le créancier qui par son fait s'était mis hors d'état de céder ses actions. Elle est conforme à l'esprit de la loi. Le législateur a voulu encourager le cautionnement.

Cependant, en protégeant la caution, il ne doit pas trop diminuer les droits du créancier: il y a une conciliation à faire, et cette conciliation se trouve dans l'interprétation textuelle de l'art. 2037. La caution est protégée par la subrogation que lui donne l'art. 2029 et par la déchéance que l'art. 2037 prononce contre le créancier qui par son fait rend impossible cette subrogation. D'autre part les droits du créancier sont sauvegardés ; car tout ce que la loi exige de lui, c'est qu'il ne renonce pas à ces sûretés au préjudice de la caution. Pourquoi priverait-on de cette protection la caution qui n'a pas le bénéfice de discussion ? Il semblerait au contraire qu'on devrait la protéger davantage.

Pour terminer sur ce point, remarquons que le système de M. Troplong mènerait logiquement à des distinctions incompatibles avec le texte de l'art 2037 et soumises à toutes les chances du hasard. Ainsi les hypothèques auxquelles le créancier renonce portent-elles sur des immeubles situés dans le ressort de la cour du lieu où le payement doit être fait, le créancier peut se voir opposer la déchéance ; car la caution avait quant à ces biens le bénéfice de discussion, (art. 2023.) Ces immeubles sont-ils au contraire situés dans le ressort d'une autre cour, le créancier peut sans aucun risque renoncer à ses hypothèques ; la caution ne pouvait pas lui imposer la discussion de ces biens.

Le créancier a hypothèque sur des biens qui ne sont pas litigieux, il est tenu de conserver cette hypothèque ; ces biens deviennent l'objet d'un procès ; immédiatement le créanciér est affranchi de l'obligation que lui imposait l'art. 2037, il peut renoncer à cette hypothèque sans craindre aucune déchéance; la caution ne peut pas le renvoyer à discuter des biens litigieux (art. 2023.)

Le débiteur aliène l'immeuble hypothéqué; avant l'aliénation, le créancier était tenu de conserver intactes ses hypothèques : dès qu'il y a eu aliénation, il peut sans redouter de déchéance abandonner son droit, et même, dans le système de M. Troplong, le créancier eût-il gardé ses droits sur cet immeuble, la caution ne pourrait pas les exercer contre le tiers détenteur; car, suivant M. Troplong, la caution n'est jamais subrogée aux droits du créancier contre le tiers détenteur.

Ce système mènerait encore à dire que l'art. 2037 ne s'applique pas toutes les fois que le bénéfice de discussion n'est pas en cause. Voilà une dette qui a été cautionnée par deux fidéjusseurs ; ils ont renoncé au bénéfice de division, la décharge accordée à l'un d'eux ou la renonciation aux sûretés données par l'un d'eux laisserait intacte l'action du créancier contre l'autre. En effet, cette décharge de l'un des fidéjusseurs, cette renonciation aux sûretés par lui données n'a pas trait au bénéfice de discussion qui ne joue aucun rôle dans les rapports des cofidéjusseurs entre eux; elle n'a même pas trait au bénéfice de division, puisque les cautions y avaient renoncé. Cette conséquence, en présence de l'art. 2037, est tellement inadmissible que M. Troplong la repousse (n° 556) et paraît ainsi se contredire lui-même.

Je crois donc que toutes les cautions sans distinction peuvent invoquer l'art. 2037.

§ II. — *Le créancier n'est-il responsable envers la caution que des sûretés qu'il perd par un fait positif, ou doit-il aussi répondre de celles qu'il perd par sa négligence?*

Jusqu'ici nous avons supposé que le créancier avait perdu ses sûretés par un fait positif. Supposons maintenant qu'il les a laissé perdre par sa négligence : il a omis de faire un acte interruptif de prescription, de prendre ou de renouveler en temps utile une inscription hypothécaire; est-il responsable? En d'autres termes, le créancier répond-il de sa faute *in omittendo* aussi bien que de sa faute *in committendo?*

Cette question est controversée. Je crois que le créancier ne répond que du fait positif, et je me fonde sur les précédents, sur l'autorité de Pothier et les motifs qu'il a donnés à l'appui de son opinion. Pothier (*Obligations,* n° 520) distingue entre le fait positif et l'omission : quand c'est par un fait positif de sa part que le créancier s'est mis hors d'état de céder ses actions contre l'un des débiteurs en déchargeant sa personne ou son bien, il est déchu de ses droits contre la caution ; « mais une simple négligence de sa part, de n'avoir pas interrompu les acquéreurs ou de ne pas s'être opposé aux décrets, ne doit pas lui être imputée 1° parce que n'étant obligé à la cession de ses actions que par une pure raison d'équité, n'ayant contracté à cet égard envers les autres débiteurs et fidéjusseurs aucune obligation précise de les leur conserver, il suffit qu'il apporte à cet égard de la bonne foi, c'est-à-dire qu'il ne fasse rien de contraire à cette obligation, et il ne doit pas être tenu à cet égard d'une pure négligence ; 2° les autres débiteurs et fidéjusseurs ont pu aussi bien que lui veiller à la conservation du droit d'hypothèque qui s'est perdu : ils pouvaient le sommer d'interrupter à leurs risques les tiers acquéreurs ou de s'opposer aux décrets; ce n'est que dans le cas, auquel ils auraient mis le créancier en demeure, qu'ils peuvent se plaindre qu'il a laissé perdre ses hypothèques ; mais lorsqu'ils n'ont pas plus veillé que lui, ils ne sont pas recevables à lui opposer une négligence qui leur est commune avec lui. » Voilà quelle était la doctrine de Pothier, les motifs qu'il donne à l'appui sont encore applicables ; rien n'indique que les rédacteurs du Code aient voulu innover.

Examinons les arguments du système contraire et voyons comment on peut y répondre.

1° Les termes *par le fait* du créancier sont généraux et comprennent non-seulement les faits positifs, mais les omissions, les négligences. Pothier distinguait, c'est vrai, et ne donnait l'exception *cedendarum actionum* que si le créancier s'était mis par son fait positif dans l'impossibilité de faire la cession ; mais les rédacteurs du Code n'ont pas voulu admettre cette distinction, et, ce qui le prouve, c'est qu'ils n'ont pas reproduit le mot *positif* dont Pothier se servait pour limiter le mot fait.

On peut répondre que la suppression du mot positif n'a pas l'importance qu'on lui attribue, et ne prouve pas suffisamment que les rédacteurs du Code aient voulu abandonner la doctrine de Pothier. S'ils avaient voulu faire une innovation aussi grave, ils auraient manifesté leur intention autrement que par la suppression d'un simple adjectif et n'auraient pas mis dans l'art. 2037 le mot *fait* qui seul et par lui-même n'a qu'un sens vague et indéterminé. Si l'art. 2037 n'a pas reproduit le mot positif, c'est qu'il est copié dans la première partie du passage où Pothier traite de la responsabilité du créancier envers le fidéjusseur, et que, dans cet endroit, bien qu'il ait un sens restreint, le mot *fait* est employé seul ; ce n'est qu'incidemment que Pothier emploie l'expression *fait positif*. Si les rédacteurs du Code avaient voulu innover, rendre le créancier responsable de sa négligence, ils auraient mis *fait et faute*, ce qu'ils ont fait ordinairement quand ils ont voulu indiquer à la fois le fait positif et l'omission.

2° Le mot *fait* dans le Code a toujours un sens général, comprenant aussi bien les faits de commission que les faits d'omission, et on se fonde sur ce que dans l'article 1382 il a un sens large ; on ajoute que l'art. 2037 est la conséquence des art. 1382 et 1383.

Je réponds que dans l'art. 1382 le mot *fait* n'a pas le sens étendu qu'on veut lui donner, et la preuve, c'est que, immédiatement après, dans l'art. 1383, le législateur parle de négligence. Comprendrait-on l'insertion dans la loi de l'art. 1383, si le cas qu'il prévoit était déjà compris dans l'article précédent?

Il est vrai que dans quelques articles la loi se sert du mot fait pour désigner à la fois l'action et l'omission ; mais ce sont des cas exceptionnels : ordinairement, quand elle veut comprendre dans une seule expression le fait positif et le fait négatif, elle dit *faute*, quelquefois même *fait et faute*.

De toutes ces observations, il résulte que, dans la

langue du droit, le mot fait n'a pas une signification bien précise, et que, dans le doute, il est plus sûr de le prendre dans le sens que lui donnait Pothier dans la théorie à laquelle a été emprunté notre art. 2037.

3° Mais, dit-on, si le créancier est obligé de conserver ses actions pour les céder à la caution, ce n'est plus uniquement par un motif d'équité ; cette obligation est sanctionnée par la loi elle-même qui a établi la subrogation ; or, en vertu des art. 1382 et 1383 dont l'art. 2037 n'est que la conséquence, quiconque cause à autrui un dommage s'oblige par là même à le réparer.

C'est une pétition de principes : car le créancier qui, par sa négligence, perd les garanties qu'il avait, ne viole le droit de la caution que s'il est obligé de conserver ces garanties dans l'intérêt de cette caution, et c'est là précisément ce qui est en question. On comprend très-bien que le créancier ne puisse rien faire qui tende à priver le fidéjusseur du bénéfice de la subrogation, l'art. 2037 le dit formellement ; mais s'en suit-il qu'il doive faire les actes conservatoires de ces garanties ? Pour le démontrer, il faudrait prouver que l'art. 2037 comprend à la fois l'action et l'omission, c'est-à-dire précisément ce qui est en question. Les travaux préparatoires n'exigent d'ailleurs qu'une chose : c'est que le créancier s'abstienne des actes qui tendraient à ravir à la caution le bénéfice de la subrogation.

4° Qu'importe, dit-on, pour la caution, que la subrogation devienne impossible par le fait ou par la négligence du créancier, le résultat n'est-il pas le même ?

Le résultat est bien le même, en ce sens que la caution sera privée de ses garanties ; mais, dans le second cas, la caution avait un moyen d'éviter le mal, qu'elle n'avait pas dans le premier. Si le créancier veut faire remise de l'hypothèque au débiteur, la caution ne peut rien faire pour l'en empêcher ; si, au contraire, ce créancier néglige de faire des actes conservatoires, la caution peut facilement prévenir le dommage qui en résultera pour elle ; qu'elle fasse au créancier sommation d'agir, et si, sur cette sommation, le créancier n'agit pas ou ne lui donne pas mandat d'agir elle-même, il commet un dol dont il est responsable. La caution peut même agir directement et en son propre nom ; car elle a un droit éventuel, conditionnel, et le créancier conditionnel peut faire tous les actes conservatoires de son droit. Elle pourrait même agir au nom du créancier en se constituant son gérant d'affaires.

On objecte que la caution n'est pas le tuteur du créancier, qu'elle n'est pas son procureur, que la situation ne serait pas tenable pour le fidéjusseur s'il était obligé de prendre en main les affaires du créancier, de surveiller le moment du renouvellement d'une inscription, etc...

Dans l'ancien droit, déjà ces inconvénients se présentaient, ce qui n'empêchait pas Pothier de dire que le créancier répondait de ses omissions ; les rédacteurs du Code connaissaient les objections qu'on pouvait faire à ce système, et cependant rien n'indique qu'ils aient voulu innover : aucune discussion ne s'est élevée sur l'art. 2037 ; le tribun Lahary s'est borné à dire que « le créancier doit s'interdire tout ce qui tendrait à ravir au fidéjusseur les moyens d'être indemnisé. » Il ne lui demande que de s'abstenir, il ne lui demande aucun rôle actif : c'est le système de Pothier.

Si le système que je soutiens maintenant présente des inconvénients, le système contraire n'en a pas moins. Le créancier surveille ses affaires comme il le veut; pourquoi le forcer, quand son intérêt n'est pas en jeu, à faire ce qui est nécessaire aux intérêts de la caution? Si le créancier s'est fait donner un fidéjusseur, c'est pour être plus libre, pour être sauvegardé contre l'insolvabilité du débiteur sans être obligé d'exercer une surveillance continuelle. Que la caution veille à ses intérêts, elle en a le moyen.

Si on décide, comme nous le ferons tout à l'heure, que les sûretés acquises après l'intervention de la caution sont comprises dans l'art. 2037, ces sûretés nouvelles, dans le système que nous combattons, pourraient nuire au créancier; c'est ce qui arriverait si le créancier, après s'être fait donner un gage, se laissait par imprudence voler ce gage : la caution serait libérée.

Observons, en terminant, que l'art. 2037 prononce une déchéance, et que, dans le doute, il ne faut pas étendre les déchéances.

§ 3. — *Le créancier peut-il se voir opposer la déchéance de l'art. 2037 dans tous les cas où la subrogation à ses droits ne peut plus, par son fait, s'opérer au profit de la caution, quelle que soit l'époque à laquelle ces droits ont pris naissance? Ou bien faut-il distinguer et rendre ce créancier responsable des garanties qu'il avait au moment où le cautionnement a été contracté, mais non de celles qu'il s'était procurées depuis?*

Dans l'ancienne jurisprudence, cette question ne faisait pas de difficulté. Suivant Dumoulin, dont l'opinion était généralement suivie, la subrogation n'avait lieu que pour les droits qu'avait le créancier au moment où le cautionnement avait été consenti. Pothier (n°ˢ 520 et 581, *Oblig*.) décidait de même que la caution ne pouvait pas se plaindre et invoquer l'exception *cedendarum actionum* si les sûretés que le créancier avait abandonnées étaient postérieures au cautionnement : car elle n'avait pas dû compter, pour assurer son recours sur des sûretés qui n'existaient pas encore. C'était également l'opinion de Basnage.

Depuis la promulgation du Code, des auteurs ont reproduit cette opinion. Ils se fondent sur l'ancienne jurisprudence et sur ce que rien, ni dans les travaux préparatoires du Code, ni dans les termes de l'art. 2037, dont la formule a été presque littéralement copiée dans Pothier, ne peut faire supposer chez le législateur l'intention d'innover et de substituer à la règle ancienne une règle nouvelle plus étendue.

Pour justifier cette opinion, on dit que la doctrine de Pothier, consacrée par l'art. 2037, n'était pas fondée sur le droit positif, mais sur l'équité, et qu'aujourd'hui pour s'expliquer l'art. 2037, il faut partir de cette même idée. Le tiers qui se porte caution d'une dette à laquelle étaient déjà affectées d'autres sûretés ne s'engage probablement qu'en considération de ces sûretés, et parce qu'il y voit une garantie de son recours ; l'équité serait blessée si, par son fait, le créancier pouvait l'en priver. Quant aux sûretés acquises par le créancier après le cautionnement, il est probable que la caution ne les a pas prises en considération, et, si elle y a songé, ces garanties étaient tellement éventuelles que la caution ne peut pas dire qu'elles ont été la condition de son engagement. On conclut de là qu'appliquer l'art. 2037 à des sûretés qui n'existaient pas encore lors de l'intervention de la caution, c'est méconnaître le fondement de cet article. On ajoute qu'aucune raison d'équité n'oblige le créancier à conserver, dans l'intérêt de la caution, les sûretés qu'il ne doit qu'à sa diligence personnelle, par exemple, les hypothèques judiciaires.

Mais on accorde que le créancier répond toujours de sa fraude, *dolus semper prœstatur*.

On accorde aussi que si les sûretés acquises par le créancier après le cautionnement existent encore lorsque la caution est poursuivie par le créancier, ou lorsqu'elle offre le payement, le créancier ne peut pas, sans violer l'équité, et par suite, sans encourir de déchéance, y renoncer. Cependant, dans ce dernier cas, on permet au créancier d'y renoncer, s'il y a un intérêt légitime.

Malgré ces raisons, je n'admets pas ce système. Si nos anciens auteurs n'obligeaient le créancier à conserver que les sûretés qu'il avait lors du cautionnement, cela tenait à cette opinion de Dumoulin, admise par tout le monde, que la cession d'actions faite au fidéjusseur ne comprenait que les actions existantes au moment où le cautionnement avait été consenti. Nous savons que cette doctrine est aujourd'hui généralement repoussée comme contraire aux termes de l'art. 2029. Le motif de l'opinion des anciens auteurs ayant disparu, on ne comprendrait pas que le Code eût érigé cette opinion en loi.

Il faut répondre à l'objection tirée du motif d'équité qui a servi de base à l'art. 2037. Je réponds que la subrogation, comprenant tous les droits du créancier, quelle que soit l'époque de leur acquisition, il n'est pas injuste lorsque, en aliénant les garanties postérieures au cautionnement, le créancier diminue les avantages que doit avoir pour la caution la subrogation légale, de rendre ce créancier responsable de la perte de ces avantages ; car la caution peut dire qu'en s'engageant elle a pensé que le créancier chercherait à améliorer sa position, à acquérir des sûretés nouvelles. Elle peut dire qu'en voyant le créancier acquérir une hypothèque nouvelle, elle n'a pas pris les mesures qu'elle aurait prises sans cela pour assurer son recours.

Enfin, pour terminer, j'argumenterai des termes de l'art. 2037 dont la disposition est générale : « La caution est déchargée lorsque la subrogation aux droits, hypothèques et priviléges du créancier ne peut plus, par le fait de ce créancier, s'opérer en faveur de la caution. » Cet article ne s'occupe pas de l'époque de l'acquisition de ces sûretés; il me semble difficile, en présence d'un pareil texte de faire des distinctions.

§ 4. — Lorsque le créancier, par son fait, a diminué les sûretés qui protégeaient la créance primitive, de sorte que la subrogation à ses droits est devenue impossible pour partie, la caution est-elle affranchie de son engagement pour le tout, ou n'en est-elle déchargée que dans la limite du préjudice qu'elle éprouve ?

Je n'hésite pas à dire que, lorsque la subrogation est devenue impossible pour partie, la caution n'est libérée que dans les limites de ce que lui aurait fait obtenir la subrogation. J'ajouterai même que si la subrogation est devenue impossible pour le tout, la caution n'en reste pas moins obligée à toute la dette, si, à raison de l'inefficacité des sûretés auxquelles le créancier a renoncé, la subrogation n'eût rien pu faire obtenir à la caution.

Je sais bien que le texte de l'art. 2037 paraît contraire à cette distinction; il semble dire que la décharge de la caution est absolue ; que, du moment que le créancier a, par son fait, perdu une de ses sûretés, la caution est libérée pour le tout. Mais cette interprétation serait contraire aux précédents, à l'esprit de la loi et à l'équité qui a dicté l'art. 2037.

Pothier décidait (*Oblig.*, n° 520) que la caution n'était libérée que dans la limite du profit qu'elle aurait pu retirer de la subrogation, et je crois qu'aujourd'hui il faut donner la même solution, car la décharge accordée à la caution par l'art. 2037 ne lui est accordée qu'à titre d'indemnité du préjudice que le créancier lui cause en rendant la subrogation impossible ; le législateur a voulu la protéger contre le dommage qui pourrait résulter pour elle du fait du créancier; mais il n'a pas eu l'intention de la gratifier; la déchéance ne doit donc avoir lieu contre le créancier que dans les limites du préjudice qu'il cause à la caution.

Il sera difficile, il est vrai, d'apprécier le dommage que cause à la caution la perte des sûretés qui protégeaient la créance, et, par suite, de savoir jusqu'à concurrence de quelle somme la caution sera libérée. Mais cette considération ne doit pas nous arrêter : car, dans le cas de bénéfice de discussion, il n'est pas plus facile d'apprécier le dommage que cause à la caution la négligence du créancier, qui, par sa lenteur à discuter le débiteur, le laisse devenir insolvable; et cependant le créancier à qui la caution a indiqué les biens à discuter, a fait l'avance des deniers nécessaires pour la discussion, est responsable envers cette caution de l'insolvabilité du débiteur, survenue par défaut de poursuites (art. 2024), c'est-à-dire que le créancier est responsable du dommage causé à la caution par ce défaut de poursuites (Mourlon, *Subrogation*, p. 518 ; Troplong, *Cautionnement*, n° 572; Ponsot, Cautionnement, n° 334; Zachariæ, Aubry et Rau, t. 3 , § 429 et notes 9 et 10).

POSITIONS.

—

DROIT ROMAIN.

I. Les débiteurs solidaires n'ont jamais eu le bénéfice de division, ni dans l'ancien droit romain (*Nec obstat,* L. 47, *locati conducti*) ni dans le droit des Novelles (*Nec obstat,* Nov. 99).

II. Lorsqu'un débiteur solidaire paye toute la dette sur les poursuites du créancier sans se faire céder les actions de celui-ci, il peut recourir contre ses codébiteurs par une action utile. Cette action utile n'est pas l'action *negotiorum gestorum,* mais l'action même du créancier.

III. Suivant Celsus, le *fidejussor indemnitatis* pouvait être poursuivi avant le débiteur principal (L. 42, *De rebus creditis,* D.). Suivant Paul, au contraire, l'action contre le *fidejussor indemnitatis* avant la discussion du débiteur principal était impossible (L. 116, *De Verb. oblig.,* D.; L. 21, *De solutionibus,* D.).

IV. Justinien dit que le bénéfice de division a été concédé par Adrien aux *mandatores pecuniæ credendæ* (L. 3, C., *De pecun. constit.*); nous pensons cependant qu'il l'a été par la jurisprudence (L. 7, *De fidej. et nomin.*, D.).

V. Africain mettait à la charge du vendeur les risques de la chose vendue dans l'intervalle du contrat à la tradition (L. 33, *Locati*). Cette doctrine était contraire à celle qui a prévalu et qui a été consacrée par Justinien (Inst., *De empt. et vendit.*, § 3).

VI. Une sentence d'absolution peut laisser subsister une obligation naturelle.

VII. D'après certaines lois, le *fidéjusseur* ne peut pas invoquer la *restitutio in integrum* du chef du débiteur principal, mineur de vingt-cinq ans; d'après d'autres il le peut : la conciliation se trouve dans la distinction entre le cas où le fidéjusseur s'est obligé *cum contemplatione* ou *sine contemplatione juris prœtorii*.

VIII. Le *mandator pecuniœ credendœ* peut repousser le créancier qui s'est mis dans l'impossibilité de lui céder ses actions; le fidéjusseur ne le peut pas. Cette différence s'explique par la nature du mandat et de la fidéjussion.

IX. A l'époque des jurisconsultes, les pubéres mineurs de vingt-cinq ans pouvaient s'obliger sans le consentement de leurs curateurs (L. 101, *De verb. oblig.*, D.); mais dans le dernier état du droit, leur obligation était nulle *ipso jure* (L. 3, C., *De in integr. restit.*).

CODE CIVIL.

I. Le tiers acquéreur n'est pas subrogé légalement

contre la caution ; la caution est, au contraire, subrogée contre le tiers acquéreur.

II. La caution personnelle est subrogée légalement contre la caution réelle, comme elle le serait contre une caution personnelle qui se serait obligée jusqu'à concurrence d'une somme égale à la valeur de l'immeuble hypothéqué.

III. Le bénéfice de l'art. 2037, C. Nap., appartient aux cautions solidaires.

IV. Le créancier n'est pas déchu de son droit contre la caution, lorsque c'est par une simple omission de sa part que la subrogation à ses droits, priviléges et hypothèques est devenue impossible au profit de la caution.

V. La caution à qui le créancier a fait remise de la dette est subrogée légalement contre le débiteur.

VI. Le créancier peut s'adresser à la caution sans avoir mis le débiteur principal en demeure.

VII. L'art. 2037 peut être invoqué contre le créancier qui, par son fait, a perdu les sûretés qu'il avait acquises après l'époque où la caution s'est engagée.

VIII. Le tiers acquéreur ne peut renvoyer le créancier à discuter les immeubles hypothéqués à la sûreté de la même dette qui sont restés entre les mains de la caution.

IX. L'héritier qui a accepté une succession sous bénéfice d'inventaire peut, contre l'opposition et l'intérêt des créanciers héréditaires, revenir au régime de l'acceptation pure et simple.

X. Le créancier héréditaire, qui prend sur un immeuble de la succession l'inscription de l'art. 2111, rend son droit opposable à tout tiers acquéreur qui n'a pas encore transcrit du chef de l'héritier.

DROIT CRIMINEL.

I. Lorsque le ministère public appelle *a minima*, la juridiction d'appel peut acquitter le prévenu ou le condamner à une peine moindre, quand même le prévenu n'aurait pas de son côté interjeté appel.

II. L'interdiction légale ne résulte pas des condamnations par contumace.

HISTOIRE DU DROIT.

I. Dans le droit romain, l'institution de l'appel sous la domination impériale a son origine historique non dans la *provocatio*, mais dans l'*appellatio* et l'*intercessio*.

II. La faculté de répudier sa loi d'origine pour en choisir une autre parmi celles qui étaient en vigueur n'existait pas dans la monarchie franque.

III. Le régime dotal de la coutume de Normandie ne venait pas du droit romain.

DROIT FISCAL.

I. L'obligation solidaire, quand même les débiteurs solidaires auraient dans la dette un intérêt inégal, ne donne pas lieu à la perception du droit de cautionnement.

II. Le cautionnement solidaire donne lieu à la perception du droit de cautionnement.

DROIT PUBLIC.

I. On ne peut pas considérer comme coupable de violation de blocus le navire neutre qui a mis à la voile pour le lieu déclaré bloqué, après avoir eu connaissance de la notification, et le navire qui a continué à se diriger vers ce lieu après avoir appris en route l'existence soit de la notification du blocus, soit du fait même de l'investissement.

On ne peut pas considérer comme étant en flagrant délit de violation de blocus, pendant toute la durée de son voyage de retour jusqu'au port de sa destination, le navire neutre sorti d'un port déclaré bloqué.

II. Il ne peut pas y avoir légitimement blocus en temps de paix.

Vu par le Président de la Thèse,
        DUVERGER.

Vu par le Doyen de la Faculté,
        C. A. PELLAT.

Permis d'imprimer :
    Le Vice-Recteur de l'Académie,
        ARTAUD.

www.ingramcontent.com/pod-product-compliance
Ingram Content Group UK Ltd.
Pitfield, Milton Keynes, MK11 3LW, UK
UKHW020825120726
13693UKWH00002B/477